河北省红色旅游产品海外推广策略研究；课题

翻译理论的多视角研究

孙黎明　阮　军/著

中国水利水电出版社
www.waterpub.com.cn

内 容 提 要

本书借鉴了以往有关翻译理论研究的内容,并在此基础上进行了创新和发展,从不同视角研究了翻译理论问题。本书的主要内容有翻译的概念、分类、过程、中西方翻译理论、英汉语言和文化差异、翻译技巧、文化翻译、实用文体翻译、口译和翻译教学等。本书结构合理,条理清晰,理论性与实用性并重,内容翔实,深入浅出,覆盖面广,可读性强,是一本值得学习研究的著作。

图书在版编目(CIP)数据

翻译理论的多视角研究/孙黎明,阮军著.--北京:中国水利水电出版社,2016.6(2022.9重印)

ISBN 978-7-5170-4409-3

Ⅰ.①翻…　Ⅱ.①孙…②阮…　Ⅲ.①翻译理论－研究　Ⅳ.①H059

中国版本图书馆 CIP 数据核字(2016)第 128953 号

策划编辑:杨庆川　责任编辑:陈　洁　封面设计:马静静

书　　名	翻译理论的多视角研究
作　　者	孙黎明　阮　军　著
出版发行	中国水利水电出版社
	(北京市海淀区玉渊潭南路 1 号 D 座 100038)
	网址:www.waterpub.com.cn
	E-mail:mchannel@263.net(万水)
	sales@mwr.gov.cn
	电话:(010)68545888(营销中心)、82562819(万水)
经　　售	北京科水图书销售有限公司
	电话:(010)63202643、68545874
	全国各地新华书店和相关出版物销售网点
排　　版	北京厚诚则铭印刷科技有限公司
印　　刷	天津光之彩印刷有限公司
规　　格	170mm×240mm　16 开本　16 印张　207 千字
版　　次	2016年6月第1版　2022年9月第2次印刷
印　　数	2001-3001册
定　　价	42.00 元

前　言

自 20 世纪 80 年代以来,翻译教学和翻译研究在我国都得到了空前的发展。相关数据证实,在全国各地报考外语院校研究生的考生中,有近一半考生的志愿是"翻译",即便入学之后,也有一半以上的学生希望学习翻译专业。同时,国内出版社近二三十年中出版的翻译教材、翻译著作,在质量上和数量上均得到了前所未有的发展。可见,翻译研究已经成了当今社会及各大高校关注的焦点。然而,面对数量众多、流派纷呈、内容丰富且又复杂的翻译著作,不少学者,尤其是初学翻译的学生,会出现一种目迷五色、无所适从的感觉。因此,笔者萌发了撰写一本《翻译理论的多视角研究》的想法,以帮助对翻译理论感兴趣的读者,在较短的时间内较快地掌握英语翻译的相关理论知识,从而在翻译实践活动中更加得心应手。

本书共包括八章内容。第一章为翻译综述,包括翻译的概念、分类和过程,为后续章节的展开做了全面的铺垫。第二章详细讨论了中西方主要的翻译理论,使读者对翻译的理论依据有了深入的体会和理解。由于翻译是一种语言信息转变成另一种语言信息的行为,所以总结两种语言的异同点非常必要。因此,第三章就对英汉语言、文化的差异进行了解读。掌握英汉翻译的常见技巧也是翻译理论研究的重要方面,第四章就重点研究了英汉词汇、句子、语篇的翻译技巧。众所周知,语言是文化的重要组成部分和载体,翻译是一种文化交际活动,每一个文本都是一定语言文化的产物。英汉文化差异给忠实传达原文翻译带来了障碍,这就要求译者既要深入了解源语文化,又要了解译语文化。基于此,第五章就探讨了文化翻译的问题。第六章主要研究了实用文体的翻译。第七章则研究了翻译活动的另外一种形式,口译。第八章从教学的角度研究了英汉翻译问题,包括翻译教学及教学观、翻译教学的模式、翻译测试探究。

本书从不同角度研究了翻译理论的相关问题。相信本书能为翻译理论的学习者及研究者带来一定启发和思考。

本书在成书过程中借鉴了很多专家学者的观点,在此表示深深的谢意。所参考的书目均在参考文献中列出,如有遗漏,恳请谅解。鉴于作者水平有限,成书仓促,书中难免有错误和不当之处,恳请广大读者指出,共同商讨。

作　者

2016 年 3 月

目　　录

第一章　翻译综述

翻译工作至今已经走过了千百年的历程。可以说,无论是在东方还是在西方,翻译工作都源远流长,历史悠久。本章就对翻译的一些基本问题,如概念、分类、过程等进行探讨。

第一节　翻译的概念

一、翻译的性质

在具体介绍翻译的定义之前,首先来了解一下翻译的性质。

首先,翻译是一种技能。翻译既然涉及两种语言之间的转换,就必然作为一种技能或技巧而存在。也就是说,在不同的语言之间进行转换时,是有具体方法的,而且这些具体方法是可以学习和传授的。但是翻译的技巧对译者的要求很高,译者不仅要精通源语和目的语,而且还要深刻了解这些语言产生和使用的社会与文化背景。译者只有经过不断的学习与实践,在实践中积累各种翻译方法,并将它们融会贯通,才能真正掌握翻译技巧。可见,翻译技能是可以经由学习与实践而获得并提高的。

其次,翻译是一种科学。翻译既然有各种方法可以使用,这些方法之于翻译本身必然就有独特的规律,并且可以与各种不同的学科进行富有意义的联系。尤金·奈达(Eugene A. Nida,2004)曾指出,翻译是一门科学,是可以而且必须用客观原则来加以规范和描述的,翻译活动决不能随心所欲地进行,必须遵循一定的规律或规则,接受一定的制约。具体来说,译者要遵守源语语言和译入语语言规则,其理解也要合乎逻辑,要经得起客观世界规律的检验。

需要注意的是,这里所说的"翻译",指的是"翻译行为"或"翻译过程",是动词,而不是指译品(translated work)。翻译作为一门科学,涉及语言学、语法学、修辞学、社会学、文学、教育学、心理学、人类学等学科特点,并与这些学科紧密相关。可以说,翻译经过长期的社会实践,已经形成自己的一整套理论、原则和操作技能与方法,形成了自己独特的学术体系并日趋全面系统。

再次,翻译还是一门艺术。从某种程度上讲,翻译在不同语言之间转换的过程也是一个思维再创造的过程、再创作的过程。译者必须严格遵循一定的科学程序,字斟句酌地进行推敲琢磨,才能保全原作的精髓与要义。译文之所以有优有劣,翻译水平之所以有高有低,关键就在于译者除具备应有的修养和坚实基础外,还在于是否掌握了翻译的科学性和艺术性,即是否掌握翻译的规律、方法和"再创作"的艺术技巧。那些好的译文往往可以给人以美的印象和感受,如同色彩斑斓的名画一般耐人寻味。

二、翻译的定义

上述了解了翻译的一些性质,而关于翻译的定义,可以说是琳琅满目,不胜枚举。下面就从不同的角度进行简单探讨。

(一)语用学角度

18世纪著名的学者、作家约翰逊(Samual Johnson)在其编纂的《约翰逊字典》(*Samual Johnson's Dictionary*)中将翻译解释为:"To translate is to change into another language, retaining as much of the sense as one can."❶这是从语用的角度对翻译的理

---

❶ 李建军.新编英汉翻译[M].上海:东华大学出版社,2004:4.

解,意思是翻译就是尽量保存原意的基础上将一种语言译成另一种语言。

(二)语言学角度

翻译的语言学研究是从 20 世纪五六十年代开始的,我国的翻译家黄龙先生认为:"Translation may be defined as follows: the replacement of textual material in one language by equivalent textual material in another language."[1]这一定义主要强调的是内容与形式之间的关系,即用一种语言将另一种语言的内容与形式准确的表达出来。从语言的内容和文本入手,试图来分析形式与意义之间的固有关系,将翻译过程进行量化,希望以此建立一种比较普遍的翻译模式。值得注意的是,该定义存在一定的局限性,如翻译具有社会性,但是定义中将其定义为一种个体行为,因此忽略了社会的存在;随着翻译活动的范围逐步扩大,这个定义的局限性也明显突出等。

(三)语义学角度

美国著名翻译理论家尤金·奈达(1986)将翻译定义为:"Translating consists of reproducing in the receptor language the closest natural equivalent of the source language message, first in terms of meaning, and second in terms of style."这句话的意思是说翻译就是用最贴近、最自然的等值体来复制出源语的信息,其中意义是第一位的,而风格第二位。这是从意义的层面来对翻译下的定义,翻译的对象就是意义。这也是国外比较有代表性的翻译定义。

(四)交际理论角度

哈蒂姆和梅桑(Basil Hatim & Ian Mason)从交际理论的角

---

[1]　黄龙.翻译学[M].南京:江苏教育出版社,1987:1.

度给翻译下定义时,关注了翻译发生的"社会文化语境"(socio-cultural context)对翻译活动所产生的影响和制约作用,因此他们将翻译定义为,"翻译是一种在某社会语境中发生的交际过程。"

中国学者张今也从交际理论角度来界定翻译,他认为"翻译是两个语言社会之间的交际过程和交际工具,它的目的是要促进本语言社会的政治、经济和文化进步,它的任务是要把原作中包含的现实世界的逻辑映像或艺术映像,完好无损地从一种语言移注到另一种语言中去"。❶

学者许钧也持同样的观点,他将翻译视为一项跨文化的交际活动,它以符号转换为手段,以意义再生为任务。

(五)文化学角度

还有一些学者从文化学的角度试图对翻译进行定义。例如,国外翻译研究者兰伯特(Lambert)和罗宾(Robyns)(1993)对翻译的定义是:"Translation is identical to culture."他们认为翻译是一种文化。这是从翻译功能的角度进行定义的,翻译是一种跨文化的交际活动,因此它不仅仅涉及语际的转换,还会涉及各种的文化因素。文化是指某一社会群体的整体的生活方式。包含法律、艺术、道德、风俗、信仰等。而语言与文化是密不可分的关系,语言是文化的一部分,因此文化的差异性会通过语言反映出来。这就要求译者在熟悉文化背景的基础上进行翻译,才能达到语言的准确性。有关文化翻译的相关问题在第五章中还会进行详细介绍。

总体上看,对翻译进行文化学定义是比较进步的,这主要体现在以下几个层面上。

(1)翻译的对象不再是译品,而是整个翻译活动或者翻译行为,这是对翻译定义的扩大。

(2)这一定义将翻译置于文化这个大背景下,对传统意义上

---

❶ 何江波.英汉翻译理论与实践教程[M].长沙:湖南大学出版社,2010:2.

仅仅针对翻译过程找出翻译技巧提出了质疑。

（3）这一定义将传统的原文—译文之间的转换拓展到现在两种语言之间进行比较，为解决翻译中的一些问题提供了依据。

此外，翻译有广义和狭义之分。广义的翻译是指语言与语言、语言与非语言之间的代码转换和基本信息的传达；狭义的翻译是一种语言活动，是把一种语言表达的内容忠实地用另一种语言表达出来的活动。❶ 从广义上来看，翻译的外延十分宽泛，包括不同语言间的翻译、语言变体间的翻译和语言与其他交际符号的转换等；从狭义上来看，翻译"是一种语言活动""是意义的传达"。

第二节　翻译的分类

一、代表学者的分类

（一）卡特福德的分类

约翰·卡特福德（J. C. Catford）作为伦敦学派代表人物之一，为翻译的应用研究领域做出了巨大的贡献，对后期的语言学和翻译研究意义重大。卡特福德根据翻译的范围、层次和等级对翻译进行了如下的分类。

（1）按其范围，范围可划分为全文翻译和与之对应的部分翻译。全文翻译指的是"源语文本的各个部分全部要用译语文本的材料来替代"，部分翻译指的是"源语文本的某一部分或某些部分是未翻译的，只需把它们简单移植到译语文本中即可"。需要注意的是，部分翻译并不是节译，而是因为种种原因某些词不可译

---

❶　李建军.新编英汉翻译［M］.上海：东华大学出版社，2004：3.

或不译,只能原封不动地搬进译文。

(2)翻译按其语法、词汇、语音、词形等层次可划分为完全翻译和有限翻译。完全翻译指的是"源语的语法、词汇被等值的替换为译语的语法和词汇"。有限翻译则指"在一个层次上,源语的文本材料仅被等值的替换为译语文本材料"。

(3)按照语言词素、词、短语或意群、小句或句子的"等级",翻译可划分为逐词翻译、直译和意译。

(二)雅各布逊的分类

美国语言学家、翻译理论家罗曼·雅各布逊(Roman Jackobson)是布拉格学派的创始人之一,他对翻译理论的贡献主要体现在其1959年发表的文章《论翻译的语言学问题》(*On Linguistic Aspects of Translation*)之中。这篇文章从语言学的角度,详尽地分析和论述了语言和翻译的关系、翻译的重要性以及翻译中存在的问题。

雅各布逊认为,翻译是用另一种语言解释原文的语言符号,并在《论翻译的语言学问题》中,从语言学和符号学的角度,即按所涉及的两种代码的性质,将翻译分为语内翻译(intralingual translation)、语际翻译(interlingual translation)和符际翻译(intersemiotic translation)。这三种类型的翻译,几乎包括了一切语言的交际活动。这种翻译分类也打破了翻译的传统框架,开阔了人们对翻译认识的视野。此后,翻译的领域作为一个概念得到了扩展,翻译方法的研究也开始进入了一个崭新的阶段。

1.语内翻译

语内翻译是指在同一语言内用一些语言符号去解释另一些语言符号,即同一语言间不同语言变体的翻译,如把用古英语写的《贝奥武甫》(*Beowulf*)译成现代英语,把用古汉语写的《史记》译成汉语。

语内翻译不一定要指向某个预设的真理,它还可以沿着不同的路线导向不同的目的地,但能够确定的是,对同一文本的阐释有着共同的出发点。在某种程度上,语内翻译不需要将意指对象完整真实地显现出来,它仅是一种表现形式,体现着人类精神的相互沟通和相互阐发的过程,人类精神文化的不断创造过程使人类的文化不断地丰富起来。请看下面几个有关语内翻译的例句。

Radiating from the earth, heat causes air currents to rise.

Heat causes air currents to rise when it is radiating from the earth.

子曰:"学而时习之,不亦说乎? 有朋自远方来,不亦乐乎? 人不知而不愠,不亦君子乎?"

孔子说:"学了又时常温习和练习,不是很愉快吗? 有志同道合的人从远方来,不是很令人高兴的吗? 人家不了解我,我也不怨恨、恼怒,不也是一个有德的君子吗?"

余闻而愈悲。孔子曰:"苛政猛于虎也。"吾尝疑乎是,今以蒋氏观之,犹信。

(柳宗元《捕蛇者说》)

我听了(这些话)更加感到悲伤。孔子说:"苛酷的统治比猛虎还要凶啊!"我们曾经怀疑这句话,现在从姓蒋的遭遇看来,还是可信的。

2. 语际翻译

语际翻译是指在两种语言之间用一种语言的符号去解释另一种语言的符号,即一种语言的符号与另一种语言的符号之间的口头或笔头的转换,如英译汉、汉译英等。语际翻译是人们通常所指的真正意义上的翻译,也可以说是狭义的翻译。请看下面语际翻译的几个例子:

His criticisms were enough to make anyone see red.

他那些批评任谁都得火冒三丈。

空山不见人,但闻人语响。

返景入深林,复照青苔上。

A hollow mountain sees no soul,

But someone's speaking does echo.

As the setting sun penetrates the deep woods,

The reflective tints dorn on the moss.

3. 符际翻译

符际翻译是指用非语言符号系统解释语言符号，或用语言符号解释非语言符号。换言之，符际翻译是语言与非语言符号或非语言符号间的翻译，语言与手势语间的翻译、英语与计算机代码间的翻译、数学符号、音乐符号、美术符号、手势语与旗语间的翻译等都属于语符翻译。例如：

$S=vt$，即：路程等于速度乘以时间。

南京大学外国语学院许钧教授（2009）在湖南大学外国语学院的一次学术讲座中指出，所谓符际翻译就是人类掌握的语言文字、音乐、绘画、舞蹈几种符号之间的翻译。掌握的符号越多，符号之间的翻译能力越强，感觉世界的能力也就越强。可以说，符际翻译对等表明了原文与译文的一些相关的物理特征。

（三）萨瓦里的分类

西奥多·萨瓦里（Theodore Horace Savory）将翻译分为以下四类。

（1）等值翻译（adequal translation）是指不拘形式，只管内容的翻译。译文在内容上和原文保持一致，文字上的出入无关紧要。

（2）综合翻译（composite translation）是指文学翻译，形式与内容同样重要，故难度最大。

（3）完美翻译（perfect translation）是指纯粹传递信息的翻译，如广告、布告等。

（4）应用翻译（translation of learned，scientific，technical and practical matter）包括学术、科技等方面的翻译，其翻译目的不在

于语言文字上的价值,而是文字内容对于译语国家实践的借鉴价值(廖七,2001)。

二、其他标准的分类

从其他不同的角度来看,可以给翻译做如下分类。

(1)翻译按照内容题材进行分类可分为文学翻译、实用翻译。

文学翻译涉及如戏剧、诗歌以及其他文学作品的翻译,它注重情感内容、修辞特征以及文体风格的传达。

实用翻译涉及科技资料、政论文体、法律文体、商务或其他资料的翻译,它着重强调实际内容的表达。

(2)按照涉及的语言符号即翻译所涉及的两种代码的性质给翻译进行分类,可以分为语内翻译、语际翻译和符际翻译。

语内翻译是指在同一种语言内部用一种语言的符号对另一种语言的符号所做出的阐释,如汉语与维语、方言与方言、古代语与现代语之间的语言转换都属于语内翻译。

语际翻译是指一种语言文字的意义用另一种语言文字表达出来,如汉译英,汉译德,汉译俄等。

符际翻译是用语言符号解释非语言符号或用非语言符号系统阐释语言符号,如小说改编成为电影,就是文字符号转换成影像符号的符际翻译。

(3)按照所涉及的语言给翻译进行分类,这种翻译标准是从译出语和译入语的角度而言,翻译可分为母语译成外语、外语译成母语两大类,如英译汉、汉译英、法译汉、汉译法等。

(4)按照处理方式给翻译进行分类,翻译可分为全译、摘译、编译、译写、译评、改译和阐译等。

(5)按照翻译手段或方式给其进行分类,可划分为口译、笔译、机器翻译和机助翻译。口译又可分为连续翻译和同声传译。机器翻译是指现代语言学和现代智能科学相结合的产物,在某些领域内有助于节省人工的翻译。

第三节 翻译的过程

一、文本理解阶段

理解是翻译的基础,只有建立在准确、透彻理解原文的基础之上,译文才能实现忠实、通畅。具体来说,文本理解阶段主要涉及以下几个方面。

(一)理解语言现象

语言现象的理解主要涉及词汇意义、句法结构、修辞手法和习惯用法等。例如:

She went to the United States to study last fall.

去年秋天她到美国学习去了。

上句中的 fall 是"秋天"的意思。这是美式英语,英式英语中并没有这种用法,这体现了习惯用法意义。

Jack is a bull in a china shop.

杰克是个好闯祸之人。

本例中 a bull in a china shop 是一个英语习语,不能望文生义,应将其译为"莽撞闯祸的人"。

(二)理解逻辑关系

英语中存在着一词多义的现象,因此译者必须上下有联系地理解原文的逻辑关系,以便更透彻地理解原文。例如:

It is good for him to do that.

译文 1:这样做对他有好处。

译文 2:他这样做是件好事。

这句话有以上两种意思,两种译文都是正确的。究竟采用哪种译法,需要译者根据上下文来推理。

(三)理解原文涉及的事物

有时候在原文中会出现很多译者未曾见过的事物、历史背景、典故或专门术语等,如果译者对这些内容理解得不透彻,就很难将原文的信息全部翻译正确,或者勉强译了别人也不懂它的意思。实际上,理解原文中所涉及的事物也就是理解源语所处的文化背景。例如:

South African leopard-spot policy came under fierce black fire…

南非实行的"豹斑"式的种族隔离政策受到了黑人的猛烈抨击……

这里的 leopard-spot(豹斑)现已成为一个专门术语。"豹斑"这一概念形成于 20 世纪 60 年代中期,当时南越人民武装力量在战区后方建立了许多小块根据地,美方军事地图上就此标有"豹斑"状异色的标志。后来,"豹斑"这一军事术语又被转用为政治术语,指白人种族主义者把黑人强行驱入若干小块地区居住的种族隔离政策。

(四)理解语境

任何语言的分析都离不开具体语境,通过语境分析语义的方法即为语境分析。语境可以分为语言语境(linguistic context)和非语言语境(non-linguistic context),前者是指上下文,包括词与词的搭配、呼应、指代等关系。后者又可以分为情景语境(context of situation)和文化语境(context of culture)。

语言分析在翻译理解的过程中非常重要,忽视语境分析或者语境分析失误常常导致翻译的失误。由于不同地区在历史、地理、文化等多方面存在巨大的差异,只有在充分考虑和熟悉这些地区差异的基础之上,才能准确理解、准确翻译。因此,非语言语境对翻译的理解过程也非常重要。例如:

David is working at the BBC.

大卫在英国广播公司工作。

You are working really hard!

你学习真刻苦。

二、文本表达阶段

表达是理解的升华和体现,是理解的目的和结果,更是语言信息转换的关键。表达是整个翻译过程中的关键环节,表达的好坏取决于译者对原文的理解程度以及译文语言的修养程度,包括译者的译语水平、翻译技巧、修辞手段等。译者在表达过程中需要做到以下几点。

(一)准确措辞

众所周知,在英语中一个词常常有多种释义,因此在表达阶段,译者必须联系上下文来确定英汉词语在语义上的对应关系,进而选用正确的词汇,来进行准确的措辞。例如:

The invention of machinery has brought into the world a new era—the industrial age. Money had become king.

机器的发明使世界进入一个新纪元即工业时代,金钱成了主宰一切的权威。

king 这一词汇的基本含义是"君主""国王",如果直接照搬过来,会使译文错误或不合译入语习惯。King 象征的是"最高权威",因此在翻译的时候采用其引申义"主宰一切的权威"更为合适。

He put forward some new ideas to challenge the interest of all concerned.

原译:他提出许多新见解,挑战了有关人士的兴趣。

改译:他提出了许多新见解,引起了有关人士的兴趣。

要译好一句话,准确的措辞十分重要。原句中 challenge 一词的基本含义是"挑战"。但如果把 challenge the interest 译成"挑战兴趣",在汉语中有些说不通,因而此处译为"引起"。

(二)自然流畅

译文必须符合汉语的表达习惯,如果有违汉语的表达习惯,就会显得生硬、不流畅,也会难以使人接受。因此,译者在表达过程中必须考虑译文的自然流畅性。例如:

The idea that the life cut short is unfulfilled is illogical because lives are measured by impressions they leave on the world and by their intensity and virtue.

原译:被削短的生命就是一事无成的观点是不合逻辑的,因为人生的价值是由它们留给世界的印象和它们的强度及美德度量的。

改译:"生命短暂即不圆满",这种观点荒谬无理。生命的价值在其影响、在其勃发、在其立德于世。

很明显,原译过于拘泥于英语结构,所以译文生硬不自然,也很牵强。而改译则突出了句子的两层含义,句子结构严谨,脉络清晰,行文自然流畅,十分符合汉语的表达习惯。

(三)衔接连贯

一篇译文的行文是否流畅关键在于"衔接"是否连贯,是否能采用合适恰当的语句进行"连接"。因此,在翻译的表达阶段,译者要加强衔接意识,整体把握语篇意义,准确地对源语的衔接方式进行必要的转换、变通,以使译文达到语篇上的衔接与连贯。例如:

The breeze had risen steadily and was blowing strongly now. It was quiet in the harbor though.

(Hemingway: *The Old Man and the Sea*)

原译:风渐刮渐大,此刻已经相当强劲了。港口静悄悄的。

改译:风势不断地加强,现在已经刮得很厉害。可是港内却很平静。

though一词不仅对前后句起着衔接作用,还表明了两句之间的转折关系。很明显,原译并没有标明前后句之间的转折关系,使得前后两句之间失去了衔接和连贯。改译则译出了前后句之间的转折关系,达到了语篇的衔接和连贯,同时成功地传译了原作的思想内容。

(四)与原文文体风格对等

在翻译时除了要考虑措辞、流畅和连贯外,还要注意原文与译文的文体风格对等。保持了文体风格的对等能更好地再现原文的韵味。例如:

We do what we say we'll do;we show up when we say we'll show up;we deliver when we say we'll deliver;and we pay when we say we'll pay.

原译:言必行,行必果。

改译:我们说了做的事一定会做;我们说来就一定会来;我们说送货就一定会送货;我们说付款就一定会付款。

上例原文的风格不属于那种精炼典雅的,而且重复出现了很多次we,而原译则过于精练,明显有别于原文的风格,而且原译的内容也不太忠于原文。改后的译文则更加符合原文的文体风格。

三、文本审核阶段

审核是翻译过程中的最后一个步骤,也是必不可少的一个环节。再细心的译者也难免会出现漏洞,经验丰富的译者也难以一挥而就,做到一字不易。审校是对原文内容的进一步核实,也是对译文语言进一步推敲的阶段。审校并不是简单地改错,因此译者必须认真对待这一环节。审校工作主要出于两个目的:一是检查译文是否精确,二是检查译文是否自然简练。在校核阶段应注意以下几个方面。

（1）校核译文在人名、地名、日期、方位、数字等方面有无错漏。

（2）校核译文的段、句或重要的词有无错漏。

（3）成语以及其他固化的表达结构，包括各种修辞手法和修辞习惯等方面有无错漏。

（4）审校译文行为是否与目的与表达习惯相符。

（5）修改译文中译错的和不妥的句子、词和词组。

（6）力求译文没有冷僻罕见的词汇或陈腔滥调，力求译文段落、标点符号正确无误。

校核通常需要两遍，第一遍着重校核内容，第二遍着重润饰。润饰是为了去掉初稿中的斧凿痕迹，即原文对目的语的影响或干扰，使译文自然流畅，更符合目的语的表达习惯。通常的做法是先抛开原文，以地道的目的语的标准去检查和衡量译文，并进行修改和润饰。如果时间允许，再把已校核两遍的译文对照原文通读一遍，进行最后的检查、修改，确保所有问题都能得到解决，译文才算是定稿。

第二章　翻译理论研究

翻译理论来源于翻译实践,同时又对翻译实践起着巨大的指导与推动作用。对翻译理论进行深入研究不仅有利于梳理翻译理论的发展脉络与内在联系,还可有效指导我们的翻译实践。本章就对翻译理论展开研究。

第一节　西方翻译理论研究

西方的翻译活动从古至今已有两千多年的历史,大致可分为古代至中世纪、文艺复兴时期、近代和现当代四个阶段。

一、古代至中世纪翻译理论

(一)西塞罗

西塞罗(Marcus Tullius Cicero)的译论深深植根于翻译实践基础之上,他曾翻译过许多古希腊政治、哲学、文学等方面的名著,其中包括柏拉图的《蒂迈欧篇》和荷马的《奥德赛》。

西塞罗对翻译理论的阐述主要见于《论最优秀的演说家》和《论善与恶之定义》。在《论最优秀的演说家》,西塞罗将翻译划分为"解释员"式翻译与"演说家"式翻译,是西方翻译理论起源的标志性语言。在《论善与恶之定义》中,西塞罗提出翻译必须采取灵活的方式。在此基础上,西塞罗强调翻译是一种文学创作。

在西方翻译史上,西塞罗是正式提出两种基本翻译方法的第一人，是西方翻译史上的第一位理论家。

（二）贺拉斯

贺拉斯（Quintus Horatius Flaccus）的翻译思想集中体现于《诗艺》（又名《致皮索兄弟书简》）中，其中的"忠实原作的译者不会逐词死译"后来成为活译、意译者用来批评直译、死译的名言。

他接受了西塞罗的观点，认为翻译必须应选择意译。但是，意译并不等于天马行空的任意发挥。同时，他率先提出"以希腊为典范的旗帜"，提倡创新、平易、和谐，以及"寓教于乐"的风格，制定出一套古典主义的文艺原则，影响了文艺复兴以后的许多翻译家。

（三）昆体良

昆体良（Marcus Fabius Quintilianus）一生写过三部著作，其中唯一残存的也是最有名的作品就是《修辞学原理》。具体来说，昆体良在第八、九、十卷阐述了自己的翻译思想，主要包括以下几个方面。

（1）将翻译划分为两个类别，即一般普通材料的翻译和创造性转换性质的翻译。

（2）界定了两个概念，即"翻译"与"释义"。

（3）译者可以通过翻译改进写作风格，甚至可以通过改编翻译，用编译的语言提高原文的质量。

（四）哲罗姆

哲罗姆（Jerome）被认为是罗马神父中最有学问的人，他的翻译思想主要体现在以下几个方面。

（1）正确理解是正确翻译的前提。

（2）译者应对"宗教翻译"与"文学翻译"区别对待。

（3）翻译必须采取灵活的原则，而不能始终字当句对。

哲罗姆最著名的翻译是拉丁文《圣经》,即《通俗拉丁文本圣经》。这次翻译既为后世欧洲各国的译者提供了参考样本,又为拉丁文读者提供了第一部"标准"的《圣经》译本,从而结束了拉丁语中《圣经》翻译的混乱现象。

(五)奥古斯丁

奥古斯丁(Aurelius Augustinus)所著的《论基督教育》虽是一本语言学著作,但其中许多论述都直接或间接涉及语言的普遍问题和翻译问题,因此也被认为是古代语言学和翻译理论的重要文献。

奥古斯丁的翻译理论可以概括为以下几点。

(1)翻译中必须考虑"所指""能指"和译者"判断"的三角关系。

(2)翻译中必须注意朴素、典雅、庄严三种风格。

(3)译者必须通晓两种语言,熟悉并"同情"所译题材,还必须具有一定的校勘能力。

(4)《圣经》翻译必须依靠上帝的感召。

(5)翻译的基本单位是词。

奥古斯丁的符号理论直到今天仍在发挥作用。

(六)布鲁尼

列奥那多·布鲁尼(Leonardo Bluni)是中世纪末期最著名的翻译理论家,是西方翻译史上最早对翻译问题进行专题研究的学者。他的论文《论正确的翻译方法》对翻译问题进行了专门论述。

布鲁尼的翻译思想主要有以下三个方面的内容。

(1)翻译的实质是把一种语言里的东西转移到另一种语言中,因此译者必须具备广泛的知识。

(2)任何语言都可以用来进行有效翻译。

(3)译者应当尽可能模仿原作风格。

二、文艺复兴时期翻译理论

(一)多雷

多雷(Etienne Dolet)翻译、编辑过《圣经·新约》、弥撒曲、柏拉图的对话录《阿克赛欧库斯》以及拉伯雷的作品。在《圣经》的翻译问题上,欧洲教会主张直译,而多雷主张意译,因此他在37岁时被活活烧死在火刑柱上,成为文艺复兴以来第一位因翻译而受难的翻译家。

多雷在《论出色翻译的方法》一文中提出,要想翻译得出色,必须做到以下五点。

(1)译者应对他所翻译的作者的旨趣和内容有深入了解。

(2)译者不能损害原文的优美,因此应对原文语言和目的语语言有较强的运用能力。

(3)译者应重构语序,调整次序,以此来避免生硬的翻译。

(4)译者应该使用通俗的形式表达,并尽力避免刻板的拉丁化味太浓的语言。

(5)译者不应该亦步亦趋地逐字翻译。

《论出色翻译的方法》是西方最早系统论述翻译问题的文章,其中的"五原则"在西方翻译思想史上占有相当重要的地位。

(二)路德

马丁·路德(Martin Luther)的《圣经》德译本被誉为第一部大众的《圣经》,在西方翻译史上占有极其重要的地位。此外,他翻译的《伊索寓言》具有很高的文学价值。

路德在翻译理论方面的主要贡献体现在以下几个方面。

(1)为帮助读者完全看懂译文,翻译应以意译为主。

(2)翻译应使用人民大众所熟悉的通俗语言。

(3)翻译必须集思广益。

（4）翻译应对语法与意思之间的联系给予充分重视。

（5）翻译应遵循一定的原则，即翻译应注意解释的准确性和文字上的变异形式；翻译可用词组翻译单个的词；翻译可略去没有译文对等形式的原文词语；翻译可增补必要的连词；翻译可合理运用语气助词；翻译可改变原文的词序。

三、近代翻译理论

（一）歌德

歌德（Johann Wolfgang von Goethe）所译的法国哲学家狄德罗的《拉摩的侄儿》、意大利雕刻家切里尼的《自传》以及西班牙戏剧家卡尔德隆的戏剧等作品在整个欧洲文学中都是最有影响的上乘之作。

歌德的翻译理论可概括为以下几个方面。

（1）无论原作是诗体还是散文体都应使用平易明快的散文体来翻译。

（2）不同语言在其意思和音韵的传译中有着彼此相通的共性，这成为可译性的重要前提。

（3）翻译是世界事务中最重要、最有价值的活动之一，应引起人们的重视。

（4）翻译可分为三类，即逐字对照翻译、按照译语文化规范的改编性翻译和传递知识的翻译。这种分类对德国以及其他欧洲国家的翻译理论和实践都有非常巨大的影响。

（二）施莱尔马赫

施莱尔马赫（Friedrich Schleiermacher）的论文《论翻译的不同方法》阐述了翻译的原则和方法问题，是翻译研究领域具有标志性意义的重要文献。

施莱尔马赫的重要思想主要包括以下几个方面。

（1）译者必须正确理解语言和思维的辩证关系。

（2）翻译有两种不同的途径，一种是使读者向作者靠拢，另一种是使作者向读者靠拢。这一思想成为归化和异化理论的雏形。

（3）翻译可以分为"真正的翻译"和"纯粹的口译"，即笔译与口译。"纯粹的口译"是一种机械的活动，主要适用于商业翻译，不值得特别的关注。

（4）"真正的翻译"可以分为"模仿"和"释译"。前者主要指处理文学艺术作品，后者主要指翻译科学或学术类文本。

（三）洪堡

洪堡（Wilhelm von Humboldt）的代表性论著包括《按语言发展的不同时期论语言的比较研究》和《论人类语言结构的差异及其对于人类精神发展的影响》。

在洪堡看来，可译性与不可译性是一种辩证关系。忠实是翻译的首要原则，但这种忠实必须指向原文真正的特点而不是其他的旁枝末节。此外，洪堡的最大贡献在于他提出了一种两元论的语言观。以此为基础，索绪尔等现代语言学家提出了二分法语言观，并由此奠定了现当代翻译理论的基础。换句话说，没有洪堡的两元论就没有二分法语言观，也就没有了当今翻译理论的繁荣发展。

（四）泰特勒

泰特勒（Alexander Fraser Tytler）在 1790 年发表的《论翻译的原则》一书中提出了著名的翻译"三原则"。

（1）译作应将原作的思想完全复写出来。

（2）译作应在手法与风格方面保持与原作的一致。

（3）译作应当和原作一样自然流畅。

在涉及优秀译者的标准问题时，泰特勒认为译者应该具备类似于原作者的才华，这样才能满足翻译的要求。在谈论习语翻译问题时，他认为应该避免在译语中采用不合乎原作语言或时代的习语。

泰特勒的翻译理论系统而全面,是整个西方翻译理论史上一座非常重要的里程碑。

四、现当代翻译理论

(一)语言学派

1. 奈达

奈达(Eugene A. Nida)是语言学派最重要的代表人物之一,也是公认的现代翻译理论的奠基人。从 1945 年开始,奈达共发表 250 多篇文章,著述 40 多部,其著述数量之多,系统之完备,论述之详尽,质量水平之高,在西方翻译理论史上都是空前的。

奈达于 1947 年发表的《论〈圣经〉翻译的原则和程序》标志着西方语言学派开始对翻译进行"科学"研究。他第一个提出"翻译的科学"这一概念,翻译语言学派也由此被称为"翻译科学派"。

奈达提出了"动态对等"的翻译原则,并进而从语言交际功能和社会语言学观点出发提出"功能对等"的翻译原则。这一原则在西方翻译理论发展史上占据了重要的地位。

2. 雅各布逊

雅各布逊(Roman Jakobson)于 1959 年发表的《论翻译的语言学问题》第一次将语言学、符号学引进了翻译学,为当代语言学派翻译研究的理论方法作出了开创性的贡献,被奉为翻译研究经典之作。

此外,雅各布逊还首次将翻译分为语内翻译、语际翻译和符际翻译等三个类别,这一分类方式对翻译的本质进行了准确概括,在译学界影响深远。

雅各布逊的语言功能理论探讨了语言的意义、等值、可译性和不可译性等翻译理论和实践中的根本问题,给翻译研究提供了超越词汇、句子以外的语境模式,开启了20世纪翻译研究的语言学派的大门。

3. 卡特福德

卡特福德(J. C. Catford)在1965年发表的《翻译的语言学理论》一书从现代语言学视角诠释翻译问题,在世界翻译学界产生了广泛影响,是翻译理论史上的划时代著作。

卡特福德的主要翻译理论包括以下几个方面。

(1)将翻译界定为"用一种等值的语言(译语)的文本材料去替换另一种语言(源语)的文本材料",从而将寻求对等视作翻译研究和实践的中心问题。

(2)翻译的本质和基础是确立语言之间的等值关系。

(3)在对翻译人员进行培训时,可采用系统地对比原文和译文、辨别两种语言的不同特征、观察两种语言的限制因素的方法。

(4)独创了"转换(shift)"这一术语,并将"转换"区分为"范畴转换"和"层次转换"两种形式。

卡特福德对语言转换的规律进行了科学的阐述,是20世纪少有的、有原创性的翻译理论家。

4. 纽马克

在1981年发表的《翻译问题探索》中,纽马克(Peter Newmark)提出以下两个重要的翻译策略。

(1)语义翻译(semantic translation)。语义翻译在目标语结构许可的情况下能够最大限度地再现原文意义和语境。

(2)交际翻译(communicative translation)。交际翻译产生的效果力求接近原文文本。

但是,要想达到效果等值(equivalent effect),译者在选择具体的翻译策略时还应将文本类型(text-types)作为重要的参考因素。

1991 年,纽马克又提出一个新的翻译概念,即原作或译出语文本的语言越重要,就越要紧贴原文翻译。这一思想于 1994 年被正式定义为"关联翻译法",这标志着他的翻译理论渐趋系统和完善。

此外,他还将文本功能划分为信息功能、表情功能、审美功能、呼唤功能、元语言功能、寒暄功能等六种,使文本的功能分析更加系统和完备。

(二)功能学派

1. 莱斯

莱斯(Katharina Reiss)是德国翻译功能学派早期重要的创建者之一,同时也是费米尔、曼塔里和诺德的老师。

莱斯在《翻译批评的可能性与限制》(1971)一书中首次把功能范畴引入翻译批评,发展了以原文与译文功能关系为基础的翻译批评模式。《翻译批评的可能性与限制》一书标志着功能学派的创立。

莱斯将语篇分为重形式(form-focused)文本、重内容(content-focused)文本、重感染(appeal-focused)文本等三个类型,且不同的文本类型应使用不同的翻译方法。此外,她认为目标文本的形态首先应该由目标语境中所要求的功能和目的决定,功能随接受者的不同而改变。这种分类将文本概念、翻译类型、翻译目的联系在一起,为功能翻译理论的形成奠定了坚实的理论基础。

2. 费米尔

弗米尔(Hans Vermeer)在赖斯的指导下研究语言学和翻译理论,突破了莱斯的理论局限,创立了目的论。

弗米尔认为,翻译不仅仅是语言符号的转换,而且是一项非言语行为。因此,在与莱斯合著的《普通翻译理论原理》(1984)一书中,弗米尔提出了以翻译"目的论"为主的基本理论。目的论影响深远,功能学派因此有时也被称为"目的学派"。

目的论坚持以下三个原则。

(1)目的原则。根据目的原则,翻译行为所要达到的目的决定了翻译所应采取的方法策略。

(2)连贯原则。根据连贯原则,译文必须符合译入语的表达习惯,符合逻辑,并在目的语文化以及使用译文的交际环境中有意义。

(3)忠实原则。根据忠实原则,译文不必与原文在内容上一字不差,但译文不能违背原文。

目的论是功能主义翻译理论中最核心的理论,它的出现标志着翻译的研究角度由以语言学和形式翻译理论转向更加倾向于功能化和社会、文化方向。

3.曼塔里

曼塔里(Justa Holz Manttari)提出翻译行为论,并进一步发展了功能派翻译理论。她的学术观点集中体现在1984年发表的《翻译行为——理论与方法》一书中。

曼塔里认为,译文功能与原文功能不同,根据语境做出"功能改变"是译者主体性的体现。因此,译者从一开始就在翻译行为中扮演至关重要的角色,他是跨语际转换的专家和任务的执行者。

此外,曼塔里还特别重视行为参与者(信息发出者、译者、译文使用者、信息接受者)和环境条件(地点、时间、媒介)。

4.诺德

诺德(Christiane Nord)首次用英语全面系统地介绍了功能学派的各种学术思想,并针对其不足提出了自己的观点,其主要代表作有《翻译中的文本分析》(1991)和《目的性行为——析功能翻译理论》(1997)。

诺德的研究领域主要涉及功能主义目的论的语篇分析、哲学基础及翻译类型等。此外,在双语能力与译者培训、译文接受者的研究、忠诚原则、决定忠诚原则的因素、翻译培训的过程、译者的责任与地位等问题上,她也进行了积极的探索。

(三)解构学派

1.本雅明

本雅明(Walter Benjamin)的《译者的任务》(1923)一文中的独特见解蕴涵着解构主义翻译思想的萌芽,被公认为是解构主义翻译理论的重要奠基性文件,本雅明本人也被看作解构主义翻译思想的最早倡导者。

具体来说,本雅明在文中首先提出顾及受众无益的观点,接着谈到原作的可译性问题。在探讨语言间亲缘关系的出处时,他引入了一个重要而抽象的"纯语言"概念。总之,文章中许多独特的看法将译作从次等、屈从的处境中解放出来,对后来解构学派翻译思想家颇有启发。

2.德里达

德里达(Jacques Derrida)的思想是后现代思潮重要的理论源泉,他本人被称为"解构主义之父"。

德里达颠覆了传统哲学中的二元对立思维模式,提出延异、播撒、踪迹、替补等四种瓦解"在场(presence)"的解构主义策略。其中,延异是德里达自创的关键术语,这一术语用来表现存在与意义之间的某种原始差异。

在《巴别塔之旅》(1980)一文中,德里达对语言的起源和分散、语言的多样性、不可译性、翻译的债务等问题进行了阐述,体现了深刻的解构思想。

3.德曼

保罗·德曼(Paul de Man)最先将德里达的解构主义理论介

绍到美国,是当代美国最重要的文学批评家之一。

德曼借助对翻译问题的探讨阐明其哲学思想,可见他是从探索语言本质的角度来谈论翻译。德曼还在一次演讲中谈论了自己对本雅明《译者的任务》的看法,纠正了人们对本雅明语言观的错误理解。

4. 韦努蒂

意大利裔美籍学者韦努蒂(Venuti)是当代美国著名的翻译理论家,他的解构主义思想主要包括以下几个方面。

(1)他提出了一种被称为"抵抗式翻译"的异化翻译策略。

(2)他运用德里达的解构主义思想展现了原文或译文的不连贯状态。

(3)他对西方翻译史进行了系统研究,并提出了反对译文通顺的解构主义翻译策略。

(4)他创建了对文本背后权力关系的批判分析。

(四)女性主义翻译理论

1. 西蒙

西蒙(Sherry Simon)所著的《翻译的性别:文化认同和政治交流》(1996)是西方第一本全面论述女性主义视角下的翻译问题的学术性专著,也是重要的译学理论专著之一。

西蒙从建构主义的观点出发,提出了翻译的衍生性和女性的从属性的问题。此外,西蒙认为翻译不是简单机械的语言转换,而是无限的文本链与话语链中的意义的不断延伸,这就从本质上摒弃了传统的翻译理念。

总之,西蒙不仅是著名翻译理论家,还是当代女性主义翻译理论的奠基人和最有影响力的声音。

2. 张伯伦

张伯伦(Lori Chamberlain)的《性别和翻译的隐喻》(1988)一

文一经发表,立刻就成为女性翻译研究的经典代表作。在《性别和翻译的隐喻》中,张伯伦对西方翻译史上 17 世纪到 20 世纪关于翻译的性别化隐喻进行了梳理,并对这些隐喻中所隐含的性别政治给予深入探究。

张伯伦对后结构主义理论给予了充分运用,解构了男性和女性、原文和译文的边界,提高了女性译者的主体地位与政治文化地位,对翻译理论界产生了巨大的影响。

3. 弗罗托

弗罗托(Luise Von Flotow)从女性文化的角度来探讨翻译理论、翻译实践与翻译批评,使翻译成为探索性别与文化相互作用的重要领域。

弗罗托的专著《翻译与性别》(1997)将翻译置于女权运动以及这场运动对"父权"语言的批判背景中,并阐述了女性实验性作品的翻译实践,是继西蒙《翻译中的性别》(1996)之后女性主义视角下的又一力作。

此外,弗罗托认真分析了女性主义翻译理论存在的问题和面临的挑战,认为应采用不同的、动态的翻译策略来翻译女性的语言和文化。

(五)后殖民翻译理论

1. 赛义德

赛义德(Edward Said)的专著《东方主义》带有强烈的意识形态和文化政治批判色彩,是后殖民主义理论的奠基性著作。在赛义德看来,东方主义从本质上来说是西方殖民主义者试图制约东方而制造出的一种政治教义,始终充当着西方殖民主义的意识形态支柱。由此,赛义德将研究的触角直接指向东方或第三世界,为跨学科的文化学术研究开辟了一个崭新的理论视野。《东方主义》一书的出版标志着他的后殖民理论体系建构的开始。

赛义德在《旅行中的理论》(1982)一书中指出,理论有时可以"旅行"到另一个时代和场景中,必然会与彼时彼地的文化接受地壤和环境发生作用进而产生新的意义。正因为如此,通过翻译而达到的文化再现使东方在西方人眼中始终扮演着一个"他者"的角色。

赛义德以东方主义文化批判为核心的后殖民批评理论在第三世界尤其是中国产生巨大的共鸣和反响,是当今后殖民翻译理论的重要源泉。

2. 斯皮瓦克

斯皮瓦克(Gayatri C. Spivak)是当今世界首屈一指的文学理论家和文化批评家。

作为保罗·德曼的学生,斯皮瓦克深受德里达的解构主义的影响。在《论文字学》的"译者前言"中,斯皮瓦克从一种独特的文化理论阐释的角度解释并发挥了德里达的重要理论概念。同时,这篇"译者前言"开启了人文科学著作翻译的一种新的可能性。

在《翻译的政治》(1992)一文中,斯皮瓦克对修辞与逻辑之间的关系进行了探讨,指出译者不应该压抑语言的散落,而应该理解、认可语言的修辞性。

斯皮瓦克将翻译研究带入后殖民的"文化翻译"场景,为整个西方翻译界提供了全新的界说与洞见。

3. 巴巴

巴巴(Homi K. Bhabha)的《民族与叙事》和《文化的定位》是西方后殖民研究的必读书目,"混杂性""第三空间""言说的现在"等后殖民术语是后殖民理论中不可或缺的概念。

巴巴对翻译界的贡献主要体现在以下几个方面。

(1)他的文化翻译理论对少数族裔的立场、语境的特殊性以及历史的差异性等给予极高的重视,挑战了西方文化霸权的优越性。

（2）他提出的模拟概念证明了模拟作为一种模棱两可的话语具有颠覆性。

（3）他的混杂性理论影响了全球性后殖民语境下的民族和文化身份研究。

第二节　中国翻译理论研究

中国历史上出现过三次翻译高潮。第一次高潮是东汉至北宋的佛经翻译，第二次高潮是明末清初的科技翻译，第三次高潮是鸦片战争至五四运动期间的西学翻译。五四运动之后，我国的译学理论并未停止，而是继续向前发展。相应地，我国的翻译理论研究可大致划分为东汉到北宋、明末清初、近代、现代、当代等五个历史时期。

一、东汉到北宋翻译理论

（一）安世高

安世高（生活于约公元 2 世纪）是西域安息国的王太子，本名为清，字世高，是中国佛经翻译事业的真正创始人。

安世高聪慧好学，知识面广。现存安译佛典 22 部，26 卷，主要有《十二因缘经》《道地经》《阴持入经》《大安般守意经》《人本欲生经》等。

传播小乘佛教的基本教义与修行方法是安世高所译经论的主要内容。从翻译方法来看，安世高以直译为主。有些时候，为了顺从原文结构，安世高不免重复颠倒，这使某些术语的翻译不够精确。但从总体上来看，安世高的译文措辞恰当，说理明白，不铺张不粗俗，其主要原因在于他通晓汉语，并非常注意寻找印度佛教和中国本土文化的结合点,因此他能将原本意义比较正确地传达出来。

(二)支谦

支谦,名越,字恭明,是三国时期的佛经翻译家,与支亮、支娄迦谶等被称为"三支"。

支谦的《法句经序》是有资料可考的我国传统译论中最早的一篇,在我国译论史上具有开篇意义。支谦在《法句经序》中表达了自己倾向于"文"而不是"质"的态度。

支谦对翻译的贡献主要体现在以下几个方面。

(1)支谦首创了对译文添加译注的方法。

(2)支谦首创"会译"的体裁。他曾把《无量门微密持经》和两种旧译对勘,区别本末,分章断句,上下排列。

(3)支谦不仅自己翻译佛经,还与他人进行合译。

(4)支谦虽不是僧人,但他所开创的译风从三国到两晋始终占据着重要的地位。

(三)道安

道安是东晋时代杰出的佛教学者,也是我国最早的热心传教者,他组织和参与了译经,并对不正确的译文加以考证或劝令重译。

道安对佛经翻译的突出贡献主要包括以下三个方面。

(1)他主持了许多重要经论的翻译,集中和培养了许多学者和翻译人才。

(2)他将已译出的经典编撰成《众经目录》,这是中国第一部"经录",为后来佛经翻译的系统性起到了非常关键的作用。

(3)他提出了著名的"五失本、三不易"理论。所谓"五失本",是指容易使译文失去原来面目的五种情况;所谓"三不易",则指不易处理好的三种情况。这一理论对于翻译经验的总结大有裨益。

(四)鸠摩罗什

鸠摩罗什祖籍天竺,幼年即出家,是我国古代著名的译经大师。他曾带领弟子八百多人,翻译出佛经共 74 部,384 卷,现存 39 部,313 卷。

鸠摩罗什不仅第一次系统地介绍了根据"般若经类"而成立的大乘性空缘起之学,还创造出一种兼具外来语与汉语调和之美的文体,既使文笔流畅洗练,又充分传达出原典的旨意,具有很高的文学价值。此外,罗什译经时常常不遗余力地创立佛教专用名词,并主张译者署名以负文责,这就使译文更加忠实于原作。

(五)玄奘

玄奘一生译出经、论 75 部,共 1 335 卷,占唐代新译佛经总卷数的一半以上,是我国佛教史上成就最高的翻译家。

玄奘能够对补充法、分合法、变位法、省略法、译名假借法、代词还原法等翻译技巧进行熟练运用,使译文达到形式与内容的高度统一,世称"新译"。这一"新译"不但为古印度佛教保存了珍贵典籍,还丰富了祖国古代文化。在选择翻译材料方面,他对各派经典兼收并蓄。全部经学分六科,玄奘都有传译。玄奘的工作态度勤恳又认真,注意不同版本的校勘工作,极力反对节译的偷懒办法。

在玄奘看来,要使译文尽量忠实于原文且通顺流畅,应坚持"五不翻"原则。具体来说,音译即不翻之翻,当译者在翻译中国没有的物名、多义词、神秘语、久已通行的音译名以及其他为宣扬佛教需要的场合时应采用音译法。

需要特别说明的是,玄奘以翻译工作的不同内容为依据,将参加翻译的人员分为译主、证义、证文、度语、笔受、缀文、参译、刊定、润文、梵呗、监护大使等 11 个工种。这种分工证义、证文放在纯粹的文字功夫之前,有利于提高翻译的准确性。此外,不同工种的相互配合,既保证了文字的纯正与流畅,又从不同的层面润色译文。这种分工翻译方法对我国现阶段翻译工作的开展仍然有着积极的借鉴作用。

二、明末清初翻译理论

(一)徐光启

徐光启是明末著名的政治家、科学家、翻译家,是将我国翻译的范围从宗教以及文学等扩大到自然科学领域的第一人。

徐光启的翻译理论散见于译书序言中,主要体现在以下三个方面。

(1)翻译的重要性在于吸取别国长处的先决条件和手段。这种拿来主义的翻译态度在当时的历史与文化语境下显得弥足珍贵。

(2)翻译应抓"急需",即要抓重点。西方数学具有极强的严密理论和逻辑体系,是其他学科的基础,应成为翻译的首要内容。

(3)翻译的目的在于"以裨益民用",即通过翻译来造福人民。

(二)魏象乾

魏象乾是雍正时期《清实录》名列第六位的满文翻译,对翻译的标准、原则以及和初学翻译如何入门等问题颇有见地。魏象乾的翻译理论主要见于《繙清说》一文。该文仅1 600字,却寓意深刻,字字珠玑,是我国最早的内部出版的翻译研究单篇专著。

在这篇短文中,他对翻译的标准问题进行了论述。一篇好的译文应从意思、措辞、风格、神韵等方面与原文保持一致,既不要增译也不要删减,更不要颠倒原文顺序或断章取义。此外,他将汉译满《资治通鉴》和《四书注》列为初学者翻译之范本,并提出把汉语译成满文时要进行适当的增减。

三、近代翻译理论

（一）马建忠

马建忠的《马氏文通》以西方语文的语法作为范本来研究古汉语的语法规律，是我国第一部由中国人编写的全面系统的汉语语法著作，对后世的汉语语法研究产生了重大影响。

马建忠在《拟设翻译书院议》（1894）一文中提出了著名的"善译"标准，即译文应能使读者获益，并与原文在意思与风格上没有很大出入。此外，他还提出若干有建设性的建议，如开设翻译书院来培养翻译人才，人才的选拔和培养应遵循具体的标准，翻译书院应将教、学、译、出书有机结合起来。这些建议无论在当时还是现在都具有很强的指导性。

（二）严复

严复是清末著名的资产阶级启蒙思想家、翻译家和教育家，其译著总共达160多万字，被尊称为中国近代翻译理论和实践的第一人。

严复在《天演论》卷首的"译例言"中提出了著名的"信、达、雅"标准，成为我国翻译史上最早明确提出翻译标准的人。具体来说，"信"要求译文要忠实于原文，"达"要求译文符合目的语的语法规则以及表达习惯，无语病、字句通顺，"雅"则要求译文的词句要精美。总之，严复的"信、达、雅"标准是中国传统翻译理论的纲领和精髓，是中国传统译论的重要里程碑，直到今天仍然对翻译实践有重要的指导作用。

（三）梁启超

梁启超是一位百科全书式的学者，虽然译作不多，但对翻译评论和翻译史研究却做出了重大的贡献，具体可以概括为以下几点。

（1）梁启超创造了一种半文半白、通俗易懂的新文体。这一新文体被刘师培称作"日本文体"，是新文化运动及之后的新文学秩序建构的理论和思想资源。

（2）梁启超将翻译看作强国之道，这就将人们对翻译目的的认识提升到一个新的高度。

（3）梁启超对佛经翻译及明清之际的科技翻译均进行过卓有成效的研究，极大地促进了我国翻译理论史的研究。

（4）梁启超大力提倡翻译西洋小说，把小说界革命与改良政治和启发民智结合起来，有力地提高了小说的社会地位，推动了晚清小说翻译事业的繁荣。

（5）梁启超提出，好的翻译应当使读者彻底明白原文的意思，因此译者应避免两个弊端：一是因为遵循英语习惯而使汉语译文晦涩难懂，二是因为遵循汉语习惯而丧失英文原意。

（四）林纾

林纾是我国文学翻译事业的先行者和奠基人，以意译外国名家小说见称于世。

林纾认为，译文要忠实于原著，译名应统一。此外，要想达到理想的翻译效果，译者必须了解书中所引用的古籍和历史典故之类的知识，并综合各国语言文字的异同。

在林纾看来，翻译书籍是在内忧外患的政治环境中开拓国民视野最易见功效、最恰当和必要的手段，因此他将 40 多部世界名著翻译成了汉语，他本人也由此被公认为中国近代文坛的开山祖师及译界的泰斗。林纾的小说译本大幅度地拓展了人们的视野，但使用古文体而不是白话文来翻译则不能不说是一种缺陷。

四、中国现代翻译理论

（一）鲁迅

鲁迅一生共翻译了 14 个国家 100 多位作家的 200 多种作

品,印成了33种单行本,300余万字,是一位杰出的文学翻译家。他继承和发展了中国传统翻译理论和翻译思想,是中国译论的奠基人。

针对当时翻译界的混乱情况,鲁迅力矫时弊,将"忠实"置于非常重要的位置,并大力提倡忠实于原著的白话文直译法,使西方近代资本主义文化思想不走样地进入中国。同时,鲁迅通过翻译东欧诸国具有革命色彩的文学作品来唤起沉睡的中国人,开创了我国近代中西文化交流史上具有重要意义和影响力的第二源流。

除此之外,鲁迅关于翻译理论、翻译思想的文章与论述在当时的翻译界影响极大。例如,他提倡翻译界开展正确的批评,创立了"以信为主,以顺为辅"的翻译原则,提出了以"易解、风姿"和"移情、益智"为核心的翻译理论。他还提出"翻译应与创作并重"的思想,他的"重译"与"复译"观点保障了翻译事业的健康发展。

(二)胡适

胡适是中国白话新诗翻译的领军人物,翻译过都德、莫泊桑、契诃夫等人的短篇小说以及一些西方著作。

在胡适看来,写文章应向自己和读者负责,但翻译文章却有三重责任,即"一是要对原作者负责任,求不失原,二是要对读者负责任,求他们读懂,三是要对自己负责任,求不致自欺欺人。"可见,胡适对待翻译的态度极为严谨。

胡适大力提倡白话文运动,认为诗歌翻译必须明白流畅才能为贫民大众所理解和接受,因此胡适的诗歌翻译无论在语言、格律上还是意境上都极大地促进了白话的草创和发展。

(三)郭沫若

郭沫若一生的著作、译作不下两千万字,在哲学和社会科学等诸多领域以及马克思主义著作和外国文学翻译方面做出了巨大的贡献。

郭沫若把自己的翻译方法叫做"风韵译",提出要想做到"字句、意义、气韵"三者不走样,译者不仅应掌握丰富的译学知识,具备对本国文字自由操作的能力,还要详细了解作者的内在生活与外在生活,通晓一国的风土人情。因此,深刻的生活体验与穷年累月的研究对于翻译工作者具有重要的意义。

(四)林语堂

林语堂是我国著名的文学翻译家,写过不少关于翻译理论的文章,其中以长篇论文《论翻译》最系统、最有名。在这篇文章中,他的翻译思想可以概括为以下几个方面。

首先,他提出了"翻译是一种艺术"的思想,而翻译艺术有赖于以下三个原则。

(1)译者对于翻译标准有正当的见解。

(2)是译者的国文程度能帮助其顺畅地表达。

(3)译者对于原文文字上及内容上透彻的了解。

其次,他坚决反对"字译",提倡"句译",这是我国较早明确提出"上下文"的翻译思想。

最后,他提出了"忠实、通顺、美"的三条翻译标准。其中,忠实标准有"直译""死译""意译"和"胡译"四个等级,分"非字译""非绝对""须传神""须通顺"四项意义。

(五)朱光潜

朱光潜是卓有贡献的学者型翻译家。他一生的译作近300万字,成为沟通东西方文化、译介西方美学的先驱。具体来说,他的第一部译作《美学原理》开创了我国译介西方美学的先河。他还对马克思主义经典著作原出版的中译文进行校对,给人类留下了数百万字的精神财富。

朱光潜反对截然区分直译和意译,认为"理想的翻译是文从字顺的直译"。他运用"一元论,两分法"的思想,对严复"译事三难:信、达、雅"的思想进行了哲学的探讨,为中国翻译思想史做出了重要贡献。此外,他将翻译看作是一项"再创造"活动,这就是朱光潜著名的"研究什么,翻译什么"原则。他本人对此原则身体力行,成为译事典范。

(六)郑振铎

郑振铎翻译了大量印度文学、俄国文学、希腊和罗马文学作品。此外,他还翻译过德国莱辛的寓言、美国欧·亨利的短篇小说、高加索民间故事、丹麦的民歌和欧洲童话《列那狐的历史》等,体裁十分广泛。

在谈论翻译的功能时,他提出翻译不仅是"媒婆"而且是"奶娘"。他认为翻译一个文学作品就如同创造一个文学作品一样,能够引导中国人和现代人的人生问题与现代思想相接触、相交流。

他抨击了新文化运动开展以来"文学不可译"的论调,这种论述消除了某些译者和读者的疑虑,对我国翻译事业的发展产生了积极的影响。

郑振铎对翻译理论的诸多见解不仅在当时发挥了巨大作用,而且经受住了历史的检验,至今仍有强大的生命力。

(七)瞿秋白

瞿秋白是第一位将《国际歌》的曲谱与译词配合译出的人,是最早翻译俄罗斯和苏联文学名著的文学翻译家。此外,他还翻译了大量马克思主义文艺理论著作。

瞿秋白发起了大众语运动,主张用人民大众真正听得懂的语言去创造和翻译大众文学作品,为中国新文学运动的继续发展打下了深厚的基础。此外,他通过译介俄国革命民主主义文学、苏联新文学来唤醒中国人民,在倡导中国翻译文学的大众化方面取得了伟大成就。

瞿秋白不仅在翻译实践中提出了"概念相等"的翻译原则,而且在翻译理论上成功地解决了"信"和"顺"的矛盾。译界公认"他的译著准确、通畅、优美,是我国翻译文学的典范"。

五、中国当代翻译理论

(一)焦菊隐

焦菊隐精通多种文字,译笔流畅自然,是我国卓越的文学翻译家和翻译理论家,他的译作具有独特的戏剧风格。

在焦菊隐看来,翻译是"二度创造的艺术"。如果缺乏"翻译是二度创造艺术"的认识,则翻译工作者很可能经过一二十年的努力仍未能提升自己的水平。

焦菊隐认为,一个词在篇章中的意义是它在特定环境(上下文)中的具体所指,而不是它的固有词义。这就从哲学的角度科学地论述了词的绝对价值和相对价值。

此外,他还在《论直译》这篇著名论文中提出"整体论"的翻译思想。具体来说,译者首先要做到整体意义对应,然后再从上而下,由大到小考察每个部分的意义,逐步完成各个部分的对应。这一观点具有重要的理论意义和实践价值,丰富了我国的翻译理论和思想。

(二)傅雷

傅雷是我国著名的文学翻译家,其毕生的功绩是把法国文坛巨匠的名著介绍给了中国读者。他一生共翻译了外国重要的文学名著 34 部,其中巴尔扎克的作品就有 15 部。

傅雷最具代表性的翻译思想是"神似说",即"重神似不重形似;译文必须为纯粹之中文"。"神似说"强调译者要从本质的层面去传递原文的内容,正视中西语言文字和文化差异的客观存在,在我国翻译理论界具有重要地位。

傅雷一向视翻译工作为崇高神圣的事业,以严谨的作风和渊博的学识形成了"傅雷风格",为中国翻译的文艺美学流派的形成奠定了坚实的基础。

（三）钱钟书

钱钟书学贯古今中西，是著名的文学家、文论家。他在《林纾的翻译》一文中提出了"化境说"。所谓"化"就是"把作品从一国文字转换成另一国文字，既能不因语文习惯的差异而露出生硬牵强的痕迹，又能完全保存原作的风味，那就算得入于'化境'"。可见，"化"是文学翻译的最高境界。

"化境"是钱钟书将原本用于中国古典美学的"境界"概念引入到翻译领域中得出的一种翻译理论，这一理论与严复的"信、达、雅"、傅雷的"传神说"共同构成中国传统翻译思想的主体，推动了中国传统翻译思想的发展。

（四）叶君健

叶君健是著名翻译家。他曾翻译毛泽东《论持久战》和其他一些最新论著，这是毛泽东著作第一次在国外以英译本形式正式出版流传。叶君健一生翻译了大量外国文学著作，尤以翻译安徒生的童话而闻名于世。

叶君健先生一贯关注译者在翻译中的主体性和创造性。在他看来，文学翻译不是简单的符码转化与翻译技巧问题，而是有再创造的一面，译作的倾向和功能要受到译者的文化身份、修养、意识形态立场等因素的影响。

在《翻译也要出"精品"》（1997）一文中，叶君健论述了他的"精品"理论，并格外强调了"译者的个性"和"个性的译作"。"精品"论是他留给译界后人的最后一笔财富，也是他毕生翻译经验的精华。

（五）王佐良

王佐良是我国著名的英美文学研究家和文学翻译家，是探索我国现代翻译理论的先行者。

王佐良在多篇论文中反复强调他的翻译观点,即译文是原作的灵魂,要忠实于原作。这一观点与西方当代翻译功能主义学派的目的论的观点基本一致。

20世纪80年代,他在《新时期的翻译观》一文中提出在继承我国传统翻译思想的基础上对外开放的指导思想。1984年和1985年,王佐良先后发表了《翻译中的文化比较》和《翻译与文化繁荣》两篇文章,论述了翻译与文化的密切关系。在王佐良的积极倡导下,20世纪80年代末至90年代初,国内一度形成翻译理论研究的"文化学派"。

(六)许渊冲

许渊冲是一位译著等身,新论迭出的著名翻译家,是20世纪将中国古典诗词译成英、法韵文的唯一专家。

许渊冲提出了"三美""三化""三之"的理论。具体来说,"三美"指"意美、音美、形美";"三化"指"等化、浅化、深化";"三之"指"知之、好之、乐之"是目的论。其中,"三美"是本体论,"三化"是方法论,而"三之"则是目的论。

在1997年北京国际翻译学术研讨会上,他简明扼要地表达了自己的翻译观。

(1)科学与艺术。翻译理论不是客观的科学规律。

(2)理论与实践。二者如有矛盾,应以实践为主。

(3)创作与翻译。21世纪是世界文学时代,文学翻译应该提高到和创作同等重要的地位。

许渊冲还提出著名的"优势竞赛论",即最好的原文变成对等的译文并不一定是最好的译文,因此原作内容应用最好的译语表达方式来体现。此论一出,立即引出一场20世纪末持续时间最长的学术争论。

总之,许渊冲重实践、重创造、重艺术,他的每一翻译理论都来源于丰富的翻译实践。

第三章　英汉翻译的认知基础

从实质而言,英汉两种语言的翻译是基于对两种语言间的差异和文化差异的认知,也只有对两种语言有了充分的理解、认识和透析,才能更好地实现语言符号的翻译。换言之,对英汉语言差异和文化差异的解读是从事翻译实践的基础。本章就结合英汉的语言差异和文化差异进行分析和解读。

第一节　英汉语言差异解读

由于英汉两种语言受到地理位置、自然环境、文化传统和历史发展等多种因素的制约,在语言形式方面呈现着不同的特点。对这些特点和语言差异的透析和解读对英汉语言的翻译实践有着重要的意义。下面就结合英汉语音层面差异、词汇层面差异、句法层面差异以及篇章层面差异进行解读。

一、英汉语音差异解读

从语音层面来看,英语和汉语在元音与辅音系统、音位区别系统以及音节结构等方面都存在着诸多差异。下面就对这几方面的差异进行解读。

(一)英汉元音和辅音系统差异解读

英汉语的元音和辅音系统的差异具体体现在以下几点。

(1)从英语和汉语的语音系统层面进行对比分析,英语的元音系统由 8 个双元音和 12 个单元音组成,辅音有 24 个;汉语元音韵母由 13 个复韵母、15 个鼻韵母和 10 个单韵母组成,声母有 22 个。同时,根据传统语音学的观点,英语中的音段音位可分为元音和辅音两大类别;汉语主要是根据中国传统的音韵学将汉字作为基本单位,把音节切分成声母和韵母。两者存在明显的区别。

(2)从英语和汉语语音的相似度来看,英汉语音中有一些音听起来十分相似甚至基本相同。例如,边音和鼻辅音,但发音方法和发音部位却存在很大的差别。再如,英语声门音 h/h/和汉语舌根音 h/x/;还有一些音如/æ/,/θ/等在英语中存在,在汉语普通话中却没有。此外,还有一些汉语普通话中的/o/等音,英语中也没有。

(二)英汉音位区别系统特征差异解读

音位区别系统是基于结构主义布格拉学派其中的代表人物罗曼·雅各布逊(Roman Jacobson)从世界语言中概括而出的观点。它指的是每个语音系统只能具备其中一部分而不可能具备全部的区别特征。

在此将英汉音位系统中的区别特征从发音部位和发音方法两个层面对比,如表 3-1 所示。

表 3-1　英汉音位系统中的区别特征的对比

特征区别 语言	发音部位		发音方法	
	元音	辅音	元音	辅音
英语	[+舌面]	[+齿间音] [+声门音] [+舌叶音]	[±唇形圆]	[±清音]
汉语	[+舌面]、 [+舌尖]、 [+卷舌]	[+舌面前] [+舌尖后]	[±唇形圆]	[±送气音]

(资料来源:袁颖,2009)

(三)英汉音节结构特点差异解读

音节由音位组合而成,它是最小的语音结构单位。汉语普通话的音节结构和英语音节特点的差异主要表现在以下几个方面。

(1)英语音节中的音位结合较自由,音节类型较多;汉语的音节不能没有声调和韵腹,但辅音声母、韵头和韵尾可以没有。

(2)英语音节至少有一个元音,最多可以有八个音。而汉语音节最多可用六个汉语拼音字母拼写。

(3)英语音节开音节少,闭音节多;汉语中的开音节词汇则远远多于英语中的开音节词汇。

(4)英语音节辅音占主导,在元音的前后都允许辅音群的出现。汉语中元音占主导地位,每个音节必须有元音,元音符号最多可到三个,用于充当韵头、韵腹和韵尾。若音节中只有一个音素,此因素一般都是元音。汉语中的音节可没有辅音,辅音只出现在音节的开头或末尾,末尾出现的辅音仅限于辅音群 ng 和辅音 n。例如,an 安和 hong 鸿。且没有两个辅音紧挨着的音节。

二、英汉词汇差异解读

从词汇层面来看,英语和汉语在词汇形态、词汇色彩、词汇修辞、词汇的选择和搭配等多种层面都存在着诸多的差异,下面仅结合英汉词汇选择差异、英汉词汇搭配差异、英汉优势词类差异以及英汉词汇色彩差异进行解读分析。

(一)英汉词汇选择差异解读

由于英汉思维模式的差别,使得中国人擅长形象思维,而英美人则善于抽象思维。因而在词汇的选择方面也会存在差异。具体体现在以下几个方面。

1.英语重抽象思维

在词汇选择方面,英语中习惯用抽象概念来表达具体含义,尤其是抽象名词的使用很频繁,常使用抽象名词来表达复杂的理性概念。这些名词往往覆盖面广,概念笼统,有一种"虚""暗""曲""隐""泛""玄"的"魅力"。这样的特点更加有利于表达一些微妙的感情或者思想变化。例如:

A lot of Diana's appeal comes from her stunning physical presence.

戴安娜之所以受到公众的关注主要是因为她那令人倾倒的身段。本例中 presence 有"出席""存在""到场"等多个抽象概念,然而在此处被译作"身材",presence 的使用给句子增添了悬念和想象空间,更富有表现力。

2.汉语重具体思维

汉语中词汇的选择偏重于具体思维,以具体的形象描绘抽象的内容。汉语的词是对客观事物的抽象反映但也与其形象相联系,以显示其具象性。例如,"矛盾"一词表达的是抽象概念,"矛"与"盾"又指攻与防的兵器,以人们熟悉的实物的形象去描述抽象的概念既形象又生动;"吃醋"一词,表达的是如吃醋般酸溜溜地"忌妒"。而"忌妒"一词极为抽象,想要从其字面上去理解其含义很难,用"醋"这一形象的实体作比,使抽象的概念变得具体,更加容易被大家所理解。

(二)英汉词汇搭配差异解读

词汇搭配是指词与词之间的一种横向组合关系,即词的共现关系。英汉两种语言在词语搭配方面有很多异同。

1.英汉词汇搭配的相同点

英汉两种语言在词汇搭配方面的相似点有以下几方面。
(1)英汉词语的搭配能力都有强弱之分。例如:
She killed the tree by spraying it too heavily.
她给树浇了太多水,把树浇死了。

Jim killed the man.

吉姆杀了那个人。

He killed the motion when it came from the committee.

委员会提出那个提案,他就把它否决了。

由上述例子不难发现,英语 kill 可用于人、动物、植物等的同时还可引申为抽象意义"使毁灭""使消失"和无生命名词搭配。但是汉语中的"杀"只能用于任何动物,却不能用于植物。

然而,汉语中的有些词汇的应用范围却比英语的更广泛。例如,"打"字:

打瞌睡 nod

打枪 shoot

打针 have a injection

打毛衣 knit a sweater

打文件 type the document

(2)英汉词语搭配的共同点还体现在语义藕合。表 3-2 是 heart 和"心"的语义藕合现象。

表 3-2　heart 和"心"的语义藕合现象

放心	to set one's heart at ease	有善心的	kind-heart
灰心	to lose heart	全心全意	heart and soul
伤心	to break one's heart	心对心	heart to heart
关心	to take to heart	从心底里	from the bottom of one's heart
倾心	to give one's heart to	衷心的	heart and soul

(3)英语和汉语中都存在许多约定的固定搭配。大都来自于宗教文化、成语典故和文学作品等。例如,英语中的 a pound of flesh(苛刻的借贷条件),in one's seventh heaven(在无限幸福和快乐中)等。汉语中的"雨后春笋""守株待兔""大器晚成""耳濡目染"等。

2.英汉词汇搭配的不同点

英语和汉语在词汇搭配上的最大差异在于汉语在词语组合

搭配上的弹性更大些。汉语中的名词概括词比较多。例如,笔类的表达,前面加一些具体特征的词可构成画笔、毛笔、粉笔、试电笔等,英语则可单独用一个词来表示。又如,汉语中的形容词"假"具有很强的搭配能力,英语中表达"假"的含义则需要多个形容词,artificial flowers(假花),counterfeit money(假币),false teeth(假牙)等。

(三)英汉优势词类差异解读

由于英汉两种语言词类划分方法的不同,词汇在数目和种类上都存在诸多差异。但一些如名词、动词、代词、介词、形容词等主要词类却在两种语言中普遍存在。然而其在表意功能和使用频率上,两种语言的优势和主导词类却存在差异,在此将从以下几个方面加以对比分析。

1. 英语的名词主导

英语是一种形态丰富变化的综合型语言。在英语中,名词占主导优势主要体现在以下方面。

(1)英语句子中一般只存在一个谓语动词,并且很多谓语动词受制于形态变化的约束,而许多名词却从动词变化而来,形态变化相对简单,用于表示动作,具有动态、行为、状态、品质、情感等含义。例如:

She failed in this exam,so she felt disheartened.

可改为简单句结构:

Her failure in the exam made her disheartened.

(2)偏好使用抽象名词也是英语名词主导优势的一个重要体现。这种现象在科技语体中更为常见。例如:

A frequent subsection of this problem section is a review of past research on the topic being investigated.

本例中 subsection,review 都是抽象名词,凸显了英语名词化的特点。

英语中存在大量的抽象名词,很多都是由虚化功能的词缀尤其是后词缀合成。例如,-hood 作为后词缀的词有 officialdom,freedom 和 kingdom 等。诸如-ness,-ion,-ship,-dom,-th,-ment,-ing,这些后缀大都用于表示程度、性质、技能、状态、行动过程、身份等词汇,进行汉语转换时要加上一些诸如"度""性""化""品"等。例如:

relativity 相对论

corrosive 腐蚀性

arrogance 傲慢态度

infiltration 渗透作用

2.英语的介词优势

英语介词的数量虽然十分有限,但却是最为活跃的词类。其表意功能很强,且用法灵活。例如:

All disputes arising from the execution of or in connection with the contract shall be settled through friendly consultation between both parties.

在执行合同中出现的,或与合同相关的所有争端,将由双方通过友好协商来解决。

英语中介词的频繁使用主要有以下几个方面的原因。

(1)名词或形容词用于表示动作时,需要借助于动词。例如:

The music was expressive of the composer's grief.

音乐表达了作曲家的哀伤。

(2)to be＋介词短语结构可代替动词。例如:

The program is well under way.

计划执行得很顺利。

(3)介词一词多义的特征突出。以介词 in 为例,其含义及其例子如表 3-3 所示。

表 3-3　介词 in 一词多义现象

	含义	例子
1	具有某种特征	The chair was in the newest style.
2	在某段时间内	In the evening
3	在(一段时间)之后	He'll be back in a few minutes.
4	在(某空间)里面	in the box
5	处于某种状态	She was in good health.
6	穿着某种衣服	He was in a blue overcoat.

（4）复合介词结构具有动态性特征。这种结构主要是指介词＋名词＋介词的组合。其中此处的名词是由动词派生而来，并大多具有动态性。例如：

On account of Mary, we decided to refuse the job.

考虑到玛丽的因素，我们决定不接受这份工作。

同时，还有一种 with(without)＋宾语＋宾语补足语这一结构，通常用于补充说明附带的情况和细节，使用也很普遍。此结构中 with 后的宾语相当于该结构的逻辑主语，其后的形容词、分词、介词短语、副词相当于该结构中的逻辑谓语。例如：

She was asleep with her head on her arms.

她头枕在手臂上睡着了。

with 的这种结构生动、灵活，也常用于表示伴随状况下的方式、行为，有鲜明的动态倾向。例如：

With the bus drivers on strike, we'll have to walk to our workplace.

由于公共汽车司机罢工，我们不得不步行去上班。

3. 汉语的动词主导

和英语相比较而言，汉语动词占主导的优势比较明显。其动词的使用频率远远超过英语。汉语中的动宾结构、连动式、兼语式结构都比较常见。例如：

你妈妈叫你马上回去。

我带孩子上街去走走。

第一句是"兼语式",其中"你"是"叫"的宾语,又兼作"回去"的主语。第二句是"连动式",三个动词"带、去、走"连用。将这两句话译成英文,句中却只有一个动词。

Your mother wants you back at once.

I took my child to the street for a walk.

汉语中的这种"连动式"和"兼语式"不仅用作谓语,还可以用作主语、定语、宾语、补语等。例如:

我的任务是领这些孩子在海边游泳。(宾语)

这一番鼓励的话,把他讲得无话可说,领着孩子就去海边游泳了。(补语)

由此可见,在汉语中动词的使用相对自由,主要是因为汉语中介词的贫乏和分词的缺失,英语中却不是如此。英语常使用介词和分词,汉语则经常直接用动词。此外,汉语的动词优势还在于它无动词形态变化,无定势和非定势之分,且没有语气变化。因而在使用时更加自由、灵活、方便。

(四)英汉词汇色彩差异解读

词汇色彩主要体现在词汇文化色彩和语体色彩两个方面。

1.词汇文化色彩

英汉词汇的文化色彩也自然而然地反映在两种语言中,具体有以下几方面的体现。

(1)相同事物表达不同的语用意义

在英汉两种语言中,在许多方面会用相同的事物表达不同的语用意义。在数字词汇的文化内涵上表现得也存在差异。例如,汉语文化中,数字"十三"的文化内涵很平常,不具有凶义,明朝皇帝的陵墓有十三座,被统称"十三陵";清代京腔有"十三绝;然而英语语言国家的文化中,十三(thirteen)却是个令人恐惧不安、具有文化禁忌的数字。例如：

the thirteen superstition 13 的迷信

unlucky thirteen 不吉利的 13

（2）不同事物表达相同的语用意义

不同事物表达相同的语用意义也是英汉词汇文化色彩的一种表现。例如，在汉语文化中，老虎被誉为"百兽之王"，英语文化中的人们则将狮子称为"百兽之王"。因而在两种文化之间进行转换时，就需要发生文化上的迁移。例如：

bear the lion in his den 太岁头上动土

拦路虎 a lion in the way

（3）英汉语中词汇语用意义的无对应现象

除了上述两种情况外，英汉语中有些词汇的语用意义在其相对的语言中根本不存在。因而在进行两种语言的翻译或理解时应格外注意。例如，"山羊"在汉语中是个具有很普通含义的词汇，在英语中用来表示"色鬼"的意思。又如：

池子里捕大鱼，太湖里放生。

Penny wise, pound foolish.

本例中"太湖"无法在英语中找到相对应的词汇，对于不了解中国地理的英语读者而言，这个谚语的文化内涵相对有些难理解。此处借用了英语的谚语，对应翻译，既达意，又传神。

2. 词汇语体色彩

英汉两种语言都有海量、丰富的词汇，然而在具体的语境中，最恰当、最富有表现力的表达手段却往往只有一个。这就涉及词汇表达手段的选择即修辞，在具体的语言使用中，应讲究词语语体的锤炼，来增强感染力和表现力。例如：

The author, Norris and an anthology of children in Brooklin Heights.

本例中 anthology 常用于文学作品中，在此却与人连用，来描述一位多产的作家，使得表达立意新颖。

只要它还有一口气,它任劳任怨。(轮胎)

本例是一个汽车轮胎的广告宣传,将本用于夸奖兢兢业业、死而后已的人物描述来描述汽车轮胎,通过语体的混用来体现轮胎"耐用、结实、无私奉献"的品质,同时也起到幽默、引人注意的效果。

三、英汉句法差异解读

由于英汉两种语言所属于的语系不同,其语言在句法结构方面也存在明显的差异。下面仅结合英汉句子结构差异、英汉句子语序差异以及英汉句子语态差异进行解读分析。

(一)英汉句子结构差异解读

从句子结构层面来看,主要表现为英语句子的立体结构和汉语句子的平面结构。

1.英语句子的立体结构

在英语句子中的立体结构特征主要体现在以下三个方面。

(1)英语句子有主干结构,且有时主干结构较短。下面来观察英语的七种基本句型。

SV:主语+谓语结构。例如:

The doorbell rang.

门铃响了。

SVO:主语+谓语+宾语结构。例如:

They enjoyed the party.

她们在聚会上玩得很开心。

SVOO:主语+谓语+间接宾语+直接宾语。例如:

My mother told me a story.

我母亲给我讲了一个故事。

SVOC:主语+谓语+宾语+补语。例如:

Many people consider education very important.

许多人认为教育非常重要。

SVOA：主语＋谓语＋宾语＋状语。例如：

Peter didn't take it seriously.

彼得没把这事放在心上。

SVP：主语＋系动词＋表语。例如：

That baby is adorable.

那个婴儿很可爱。

SVC：主语＋谓语＋主语补足语。例如：

The sun rose red.

由上述句型不难看出，英语中的句型都有主谓机制，即句子主干。任何复杂的句子有了主干也就建立了句子的基本格局。

（2）英语句子结构的立体型特征还体现在从属结构都与主干结构紧密相连，并与之形成一种关系集结。例如：

The traveler from the coast, who, after plodding northward for a score of miles over calcareous downs and corn-lands, suddenly reaches the verge of one of these escarpments, is surprised and delighted to behold, extended like a map beneath him, country differing absolutely from that which he has passed through.

一个从海边上来的旅客，往北很费劲地走了几十里地的石灰质丘陵和庄稼地以后，一下子到了这些峻岭之一的山脊上面，看见了一片原野，像地图一样平铺在下面，和刚才走过的截然不同，他不由得又惊又喜。

本例为一个多重复句，包含一个主句，六个从句。再次按照句子层次建立一个立体框架，其中主句的核心控制全句的结构，和从句环扣相嵌，句中有句，盘根错节，诸如建筑物的立体构造。英语立体多层次的主从结构使用较多，其主要原因是当有两个意义层时，人们将对重要和次要的信息价值加以区分，主句用于表达重要信息，从句、分词短语则用来描述次要信息。

2.汉语句子的平面结构

和英语句子比较而言,汉语句子呈现平面的结构和样态。主要体现在以下两方面的特征。

(1)多数汉语句子是平铺直叙的句式,没有主干结构。在句子扩展中会引起结构的不断变化。例如:

一朵梅花。

鬓边斜插一朵梅花。

红颜小姐鬓边斜插一朵梅花。

由此可见,汉语句子的句首具有开放性的特点,句尾却具有收缩性。这和英语句首封闭性和句尾开放性的特点恰恰相反。

(2)汉语句子平面结构的另一重要特征就是存在大量零句。整句具有主谓结构,零句由词和词组构成,没有主谓结构。例如:

小李买了九本书,一共十二块钱,拿回家一看,全是半新半旧的。

Xiao li bought nine books which cost him twelve yuan and when he took them back home, he found that they were just half new.

本例中,只有"小李买了九本书"是整句结构,其余成分都是零句,这些零句没有主次之分,借助于自然语序,按意相连。对比下英语译文,不难发现,其以限定动词为核心确立主干,再用连接词将重属成分与之相连接,形成了主从层次,进而达到从流散到聚焦,从平面到立体的效果。

(二)英汉句子语序差异解读

英汉句子语序最明显的差异体现在英语的突显语序和汉语的时序统御。

1.英语突显语序

英语的突显语序主要是指其习惯于开门见山、一语中的,将重要信息置于句首。这种突显语序不依照时序组句并且往往负载说话人的兴趣、句义重点,尤其在主从复合句中表现得比较明显。突显语序在信息安排方面有以下几种处理原则。

(1)先表态、后叙事。当句中叙事部分和表态部分同时存在时,英语往往表态在前,叙事在后。例如:

It is regrettable that the aggressive market strategy of Japanese colleagues and their apprentices in Korea has resulted in destructive price erosion for consumer electronics goods.

我们的日本同行和他们的韩国"徒弟们"以其野心勃勃的市场战略破坏性地降低了民用电子产品的价格,这是令人感到遗憾的。

本例中用了英语中特有的结构 it is…to,在句首用 regrettable 首先表明了态度和感受,然后再交代理由和事实。符合英语的表达特点和思维方式。

(2)先结果、后原因。在英语句子中,如果因果关系同时出现在主从复合句中,其先后顺序有一定的灵活性,但统计数据表明,英美国家人认为结果比原因更重要,因而更倾向于先结果、后原因。例如:

Good reception requires a series of relay towers spaced every 30 miles since the curvature of the earth limits a microwave's line-of-sight path to about 30 miles.

地球曲率的限度使微波发射的视线路径为 30 英里;为了接收良好,需建立间隔为 30 英里左右的系列转播塔。

本例中先交代了信息的中心即事实结果,然后展开对原因的分析。

(3)先前景、后背景。此处的前景是指信息的焦点、关键信息,背景指事件发生的时间、地点以及其他次要信息和细节。英美人喜欢将信息焦点放在句首。例如:

Stealing happens only in communities where some have got more than they need while other have not enough.

在一个社会内,只有当一些人绰绰有余,而另外一些人物质匮乏时,偷盗才可能发生。

2.汉语的时序统御

在汉语句子建构时,自然时序法则是比较明显的语序现象。在信息安排方面主要有以下几种处理原则。

(1)先叙事、后表态。汉语的句子建构一般采用叙事在先,评判和表态在后的方式。例如:

他会干这种事我不相信。

I don't believe that he should have done such things.

我担心这份工作是伺候人的,要被人瞧不起的。

I am worried that I will be looked down upon by taking a job serving others.

这两个例句都遵循了先叙事来铺垫原因,再表明态度观点的方式。

(2)先偏后正、先因后果。在汉语句子中,先偏后正、先因后果的排列结构也很常见。例如:

要是你有急事要办,不要去找那种显然没有多少事可做的人。

If you want something done in a hurry, don't go to the man who has clearly not much to do.

她身体很弱,不能动手术。

She cannot be operated upon as she is very weak.

(3)先背景、后焦点。汉语句序还往往遵循自然的线性序列先把背景情况,如地点、时间、方式作介绍,然后再说出话语的信息。例如:

我每年放暑假都到老家山东和父母亲住一两个月。

I went to live with my parents for a month or two every summer vacation in my hometown Shandong.

本例中,在动词"住"之前,先介绍地点"老家山东"和时间"每年放暑假"以及动作方式"和父母亲住"这些背景信息,遵循了"行为主体—行为的各种标记—主体行为—行为客体"的语序。

(三)英汉句子语态差异解读

在英语句子中,被动语态较为常见。英语中多数及物动词和相当于及物动词的短语都存在被动式。英语被动语态常用于以下几种情况:当不必说明行为的实行者时;当不愿意说出实行者时;当无从说出实行者时;考虑到便于上下文连贯衔接时等。例如:

Language is shaped by,and shapes,human thought.

人的思想形成语言,而语言又影响了人的思想。

汉语中却很少使用被动语态,原因主要体现在以下两个方面。

(1)汉语中很少使用被动语态是由于其频繁使用"主题—述题"结构。

(2)受中国人思维习惯的影响,中国人注重"悟性",强调"事在人为"和个人感受等,所以汉语中被动语态相对较少。

同时,汉语被动语态的表达方式与英语的被动语态也有较大差异,其多借助词汇手段表达被动语态。这种手段一般又可分为两类:有形式标记的被动式,如"让""给""被""受""遭""加以""为……所"等;无形式标记的被动式,其主谓关系上有被动含义。例如:

他的建议被否决了。

His suggestion is rejected.

中国代表团到处都受到热烈欢迎。

The Chinese delegates were warmly welcomed everywhere.

四、英汉篇章差异解读

由于英汉思维模式的不同,英语文化中的人们注重逻辑推理,其思维呈直线型发展。汉语文化下的人们注重感性思维,其思维呈螺旋发展模式。因而其在段落组织安排、语篇展开模式以及篇章逻辑结构层面也存在很多差异。

(一)英汉段落组织安排差异解读

由于英汉思维方式的显著差异,其在遣词造句、段落安排等方面均有着不同的表现。在此主要从段落结构上加以对比分析。

英美人的思维方式呈直线式,在英语段落结构上具体表现为:从一般到具体,从概括到举例,从整体到个体。例如:

Soccer is a difficult sport. A player must be able to run steadily without rest. Sometimes a player must hit the ball with his or her head. Players must be willing to bang into and be banged into by others. They must put up with aching feet and sore muscles.

本段第一句话为主题句,其后的四句均是对主题句的阐述、说明。

汉语段落也有与其类似的结构。例如:

有趣的是,相貌平平的人可能比漂亮的人有更多的机会获得美满的婚姻。本杰明·富兰克林曾劝告过一个年轻人娶一个善于理家但长相一般的女子,因为这样的妇女会花更多的时间去考虑做一个贤妻良母。她们或许比漂亮女人更重视丰富的爱情或精神生活。因此,有眼光的男人往往喜爱一个相貌平平却十分温柔、真挚的女子,而女子往往喜爱一个长相一般但有智慧、有勇气、有事业心的男子。

然而这种模式在汉语中并不多见。主要是由于中国人的思维呈螺旋式,在段落结构上具体表现为:先分后总,先说原因后说结果。例如:

索引在我国出现得较晚。有人认为起源于南北朝的类书就具备了索引的性质,这种说法是不科学的。类书是将群书中可供参考的资料辑录出来,分类或依韵编排的一种工具书。它具有文献摘要的性质,并且所记录的范围漫无边际,而索引则只注明文献的出处,使读者"执其引以得其文",并不司摘录原文之职。并且索引还有严格的范围,如作《史记人名索引》就绝不可将《汉书》中的同名人物一并编入。

为古书作索引大体始于明清之际。明末的著名学者傅山曾编制了《春秋人名韵》《春秋地名韵》。乾隆时汪辉祖编制了《史姓韵编》是依韵编排的。嘉庆的毛谟所编制的《说文检字》,采用了用部首笔划来进行编排的方法。

总之,英汉段落结构的差异具体体现如表3-4所示。❶

表3-4　英汉段落结构的差异对比

英语	由内向外,由小到大,由近到远,由微观到宏观,由个别到整体,由具体到抽象
汉语	由外向内,由大到小,由远到近,由宏观到微观,由整体到个别,由抽象到具体

(二)英汉语篇展开模式差异解读

篇章模式(textual pattern)是以篇章的形式和内容为标准对篇章进行分类的一种方法。❷ 不同的语篇类型,其建构语篇的模式也不同。

1.英语语篇模式

常见的英语语篇展开模式有以下五种。

(1)概括—具体模式。概括—具体模式是英语语篇中常见的模式之一。概括—具体模式又称作"一般—特殊模式""预览—细节模式""综合—例证模式"。该模式的语篇展开顺序是:概括陈述—具体陈述1—具体陈述2—具体陈述3,以此类推。例如:

All forms of activity lead to boredom when performed on a

---

❶　黄勇.英汉语言文化比较[M].西安:西北工业大学出版社,2007:101.

❷　杨丰宁.英汉语言比较与翻译[M].天津:天津大学出版社,2006:202.

routine basis. We can see this principle at work in people of all ages. On Christmas morning children play with their new toys and games. But the novelty soon wears off, and by January those same toys can be found tucked away in the attic. When parents bring home a pet, their child gladly grooms it. Within a short time, however, the burden of caring for the animal is shifted to the parents. Adolescents enter high school with enthusiasm but are soon looking forward to graduation. How many adults, who now complain about the long drives to work, eagerly drove for hours at a time when they first obtained their licenses? Before people retire, they usually talk about doing all of the interesting things that they never had time to do while working. But soon after retirement, the golfing, the fishing, the reading and all of the other pastimes become as boring as the jobs they left. And like the child in January, they go searching for new toys.

(2)问题—解决模式。该模式的语篇描述顺序为：说明情况—出现问题—做出反应—解决问题—做出评价。例如：

Helicopters are very convenient for dropping freight by parachute, but this system has its problems. Somehow the landing impact has to be cushioned to give a soft landing. The movement to be absorbed depends on the weight and the speed at which the charge falls. Unfortunately most normal spring systems bounce the load as it lands, sometimes turning it over. To avoid this, Bertin, developer of the aero train, has come up with an air-cushion system which assures a safe and soft landing.

(3)主张—反主张模式。该模式的语篇描述顺序为：提出主张或观点—进行澄清—说明主张或观点/提出反对主张或真实情况。例如：

Historians are generally agreed that British society is founded on a possessive individualism, but they have disputed the origins of that philosophy. Some trace it back to the middle ages, others think it to the rise of capitalism. But the consensus is that the cornerstone of this society has been the nuclear family—where the man the bread-winner holds dominance over his dependent wife and children. The values of individual freedom, self-reliance, individual advancement and crucially, the obligation of family duty to look after one's own in time of need are central to its operation.

Within strict limits and under careful regulation, helping those less fortunate than oneself has been a part of the individual's obligation to society.

But although most would accept that these values have been dominant, they would also acknowledge that the development of capitalist society saw the parallel growth of another ideology. Against individualism with its emphasis on individual freedom has been counterpoised collectivism with its egalitarian values, and stress on the view that one individual's freedom cannot be paid for by the denial of freedom to others. The 19th century growth of trades unions, the cooperative movement and organized socialist political movements are all evidence of this opposition to dominant ideology. Because of this recognition of collective rights and responsibilities, feminists have always seen the granting and safeguarding of women's rights as lying within this socialist tradition.

（4）叙事模式。叙事模式就是用来叙述事件经过的模式。这种语篇模式常见于人物传记、虚拟故事、历史故事和新闻报道中。在描述事件的发生、发展过程中必然会涉及一些人、事、场合、环境等，我们将这些方面称作"5W"，即何时（when）、何地（where）、何事（what）、何人（who）以及为何（why）。该语篇模式常采用第一人称或第二人称。例如：

One afternoon in late August, as the summer's sun streamed into the car and made little jumping shadows on the windows, I sat gazing out at the tenement-dwellers, who were themselves looking out of their windows from the gray crumbling buildings along the tracks of upper Manhattan. As we crossed into the Bronx, the train unexpectedly slowed down for a few miles. Suddenly from out of my window I saw a sight I would never be able to forget: a little boy almost severed in halves, lying at an incredible angle near the track. The ground was covered with blood, and the boy's eyes were opened wide, strained and disbelieving in his sudden oblivion. A policeman stood next to him, his arms folded, staring straight ahead at the windows of our train. In the orange glow of late afternoon the policemen, the crowd, the corpse of the boy were for a brief moment immobile, motionless, a small tableau to violence and death in the city. Behind me in the next row of seats, there was a game of bridge. I heard one of the four men say as he looked out at the sight, "God, that's horrible. " Another said, in a whisper, "Terrible, terrible. " There was a momentary silence, punctuated only by the clicking of wheels on the track. Then, after the pause, I heard the first man say: "Two hearts. "

(Willie Morris: *On a Commuter Train*)

(5)匹配比较模式。这种模式多用于比较两种事物的异同。严格地说,比较模式是用来说明事物的相似之处;而对比模式则是说明事物的相异之处。而比较和对比又可分为整体比较和对应点比较。下面仅列举两个篇章中的部分含有比较和对比的段落。

No two people are exactly alike, and my two older brothers, Sam and Peter, are no exceptions. Even though they have the same parents, their differences in looks, attitude, and personality toward life reflect the differences between Eastern culture and

Western culture.

Like the majority of Asian men, Sam is short and has a full-moon shaped face. His smooth white skin and small arms and feet made him look somewhat delicate. Moreover, he likes to wear formal and traditional clothes.

In contrast to Sam, Peter who is his younger brother by eight years looks more like an American boxer. He is tall and big-boned. His face is long and angular as a western character. Unlike Sam, Peter has strong feet and arms, and whereas Sam has smooth skin. In addition, Peter likes to wear causal T-shirts and jeans or sport clothes.

Life in the city is quite different from life in the suburbs. People living in the city are constantly exposed to the hustle and bustle of urban life. However, life in the suburbs is generally quiet and casual than that in the city. If city dwellers want to see trees and grass, they have to go to one of the public parks. On the other hand, the street of many suburban communities are lined with trees and each house has its own grassy yard. A person living in the city is close to many sources of entertainment, but a suburban dweller must go into the city for entertainment.

上述五种语篇模式并不是独立存在的，有时它们之间可以相互融合或包含。

2. 汉语语篇模式

与英语语篇模式相比，汉语的模式更加多样，且与英语语篇模式有很多相似之处，如主张—反主张模式、匹配比较模式和叙事模式都是基本相同的。但是，英汉语篇模式的差异更加明显。主要表现在以下两个方面。

（1）汉语语篇的焦点和重心的位置不固定，具有流动性。例如：

两百多年前,法国一位医生想发明一种能判断胸腔健康状况的器械。他经过刻苦钻研,始终想不出什么好办法。一天他领着女儿到公园玩。当女儿玩跷跷板的时候,他偶然发现用手在跷跷板上轻轻地敲,敲打的人自己几乎听不见,而别人把耳朵贴近跷跷板的另一端却听得清清楚楚。他高兴地大喊起来"有办法了!"马上回家用木料做了一个喇叭形的东西,把小的一端塞在耳朵里,大的一端贴在别人的胸部,不仅声音清晰,而且使用方便。世界上第一个听诊器就这样诞生了。如此看来,科学家的灵感并不是什么神秘莫测的东西。关键在于勤奋,在于实践,在于不怕失败,努力探索。鲁班发明锯子的传说同样给我们深刻的启示。据说他有一次上山用手抓着丝茅草攀登,一下子把手拉破了。鲁班发现丝茅草两边的细齿不是可以锯树吗?他立刻和铁匠一起试制,做成了木工最常用的工具——锯子。许多人都被茅草拉破过手,而只有鲁班由这件事启发了灵感,发明了锯子。

(2)汉语语篇中的焦点有时并不明确,甚至会出现根本就没有焦点的情况。例如:

近一段时期以来,从报纸、广播、电视上得知,不少地方都在做同一项工作——补发拖欠教师的工资。有的是"省市主要领导亲自过问",有的是"限令在教师节前全部补齐"。湖北某市的领导还卖掉日产"公爵王"轿车,把35万元卖车钱用于还欠教师的债。总之,这些报道在宣传"领导的尊师重教之情",向我们报告着一个又一个的好消息。

(三)英汉语篇逻辑结构差异解读

透过语篇的逻辑关系对英汉语篇逻辑结构进行分析是以逻辑分析为出发点来讨论不同民族间的思维方式和语言结构的表现形式。基于大部分逻辑范畴的互通性,英汉两种语言语篇的主要逻辑关系大体一致,甚至存在很多的交迭和互通,这些交迭和互通主要源于客观事物间联系的复杂性及其相应逻辑范畴的多样性。但是上升到具体层面也存在一些差异,如联结语的不同。

事实上,无论篇章如何展现以及用哪种语言展现,其逻辑语义层次的连贯才是语篇的实质。反之,没有完整语义整体的语篇也就无所谓语篇。从这个层面进行分析,英汉语篇在逻辑结构方面主要体现在因果逻辑关系、时空逻辑关系、转折逻辑关系以及推延逻辑关系几方面。

1.英汉因果逻辑关系差异解读

从广义的层面来看,英汉两种语言的因果逻辑关系几乎一致,主要差别在于是否用逻辑联接语。在具体的表述中,英语和汉语的时空关系和因果关系也有交叉。请看下面一则例子。

When you are entertaining some stylish guests at dinner, you can, for appearance's sake, refer to the table set you have just bought for the occasion by saying, "We've been using it for as long as ten years." When your friends invite you to join the mi-namahjong game, you, though worth only one silver dollar in your pocket, can tell them, "All my money is in a bank. I've no time today to go there to draw money."

你家里因为要请几个漂亮的客人吃饭,现买了一副碗碟,你便可以说:"这些东西十年前就有",以表示你并不因为请客受窘。假如你荷包里只剩下一块大洋,朋友要邀你坐下来入圈,你就可以说:"我的钱都放在银行里,今天竟匀不出工夫去取!"

本例中英语用 when 这一典型的时间关系连接词表示逻辑连接,但在汉语中则用"因为"的因果逻辑关系和"假如"的假设泛论因果关系。

2.英汉时空逻辑关系差异解读

时空是世间事物发生和构成联系的依托。时空关系也是最自然、基本的逻辑关系。英汉语篇在表述语言,体现逻辑关系时存在着明显的不同,尤其在是否使用联结语以及使用显性逻辑连接还是借助于语用、语境来实现隐性的逻辑连接方面。例如:

It was largely because the last letter from BaJin was lost that his condition worsened until it could no longer be treated in late 1998.

一九九八年下半年病情逐渐恶化，以致不可救药，跟丢失巴金给他的最后一封信有很大关系。

在英语中，until 用于表示前后文时间先后的连接，但在汉语中却没有。这在原文中也能很好地体现英语语篇所呈现的直线形的逻辑思维特征，英语中往往以 It was largely 为重心和主位，先体现中心意思，并借此展开推断和分析。在汉语中借用"以致"句式来表示前句原因的结果，同时隐含着时间的推进。在对应的汉语中体现了先分析后总结螺旋式的逻辑思维特征。又如：

Then one birthday, the door bell rang. I was feeling blue because I was alone.

然后又是一个生日，门铃响了。当时我正独自一人，百无聊赖。

本例中英语用 because 这一因果概念进行逻辑衔接，而在汉语中则用"当时"来表示时间的逻辑关系。

此外，英语中还用 when 表示时间隐含因果关系的连接词。例如：

On his return to Hungary he worked from 1948 for a Budapest newspaper, Vilagossag, but was dismissed in 1951, when it adopted the party line.

回到匈牙利后，他从 1948 年开始为布达佩斯的一家报纸 Vilagossag 工作，但 1951 年该报选择跟随政党路线后被解聘。

本例中英语用 when 来表示时间隐含因果关系的连接词，在汉语中则用"了""后""过"等表示时间先后的逻辑关系。和英语式的动词时体仍存在着明显的区别，这也是英汉两种语言转换中语篇衔接的差异。

3.英汉转折逻辑关系差异解读

转折逻辑关系是语篇中上下事情不和谐、句意背立的一种逻辑联系。从广义的角度来看,转折逻辑关系具有相反相异、递进让步、比较隐喻、替换转题等语义关系的上下文的逻辑连接关系。例如:

喜娘:快别哭了,一会儿姑少爷看着不高兴。(替瑞珏擦泪)二小姐,你福气呀,新姑爷人才好呢。

瑞珏:(摇头)这些人——可怕。妈一个人在家里可怜!

喜娘:别哭啦,二小姐,你今天是孩子,明天就是大人了。后天回门,不又看见老太太啦?老太太不是说了又说,叫你——

瑞珏:我知道,知道,你走吧!

Bridesmaid:Mustn't cry, you know. The Young Master might be displeased. (Wiping a way her tears) You are so fortunate,Miss Jade,he is such an niceman.

Jade:(Shaking her head) The others,—they were horrid. Poor Mother,all alone now.

Bridesmaid:Now,now. You are a child today,but a woman tomorrow. And the day after that,it will be time you're your return visit and you will see Mother again. Remember what she said to you,time and time again—

Jade:I know,I know. You can go now.

本例中的英语译文 now 起着承接上文转换话题的衔接作用,有"好了,得了"之意,用来表示安慰的语气,具有递进让步的转折逻辑关系。再如:

The policy change on snowmobiles and bears high lights a harsh reality for the parks:While lauded and loved by the American public,they lack a forceful lobby to fight their cause in Congress against competing interests.

在雪地机动车和灰熊问题上的政策变动将严酷的现实摆在

了国家公园面前：国家公园虽然深受美国民众的赞誉和喜爱，但他们缺乏强有力的游说团体击败利益竞争对手，促成他们的方案在国会上获得通过。

本例中，英语借助于表示时间关系的 while 来起到上下文的逻辑连接作用，汉语却用"虽然……但是……"，明示并突出了原文实质隐含的转折关系。

4.英汉推延逻辑关系差异解读

推延逻辑关系是层次结构组合序列和语篇意义的一种逻辑联系，具体涉及增添、总结、并举、详述等类型的语义关系的逻辑连接。例如：

As we children grew up and began to leave home, Mama would comment on how she would soon have the time to write. But something would always come up—Mama's brother was in a serious car accident and she went to be with him; my sister needed help with her baby; Grandpa got sick and came to live with us; an eighbor had no one but Mama to turn to. Mama never had an article published, for Mama never had a chance to write.

我们这些孩子渐渐长大，开始先后离家，妈妈常说她很快就有时间写作了。可到头来她总有事情缠身——妈妈的兄弟遭遇严重车祸，她得去陪伴他；我姐姐生孩子需要帮忙；爷爷病了，来与我们同住；邻居遇事，妈妈是唯一的求助对象。妈妈从未发表过一篇文章，因为她从来就没有机会写作。

本例中英文的句法构成很复杂，在第一个复杂句的分句中 as 标示同主句的时间关系隐含因果关系，第二个分句有 but 起衔接作用标示转折关系。第四个分句本身是并举关系，但第四句本身同前面是详述关系，最后一个 for 衔接，表示因果关系。事实上，英汉两种语言的逻辑思维和逻辑关系大体上是一致的，区别在于汉语多以单独成句，无须借助词汇语法的衔接手段，仅凭借词语与句子内含意义的逻辑联系便成语篇的连贯；英语借助于词汇语法的显性衔接,从语言形式上把词语句子结合成语篇整体。

第二节　英汉文化差异解读

可以说,语言与文化是一对孪生兄妹,语言的生存和发展也和其赖以生存的社会文化环境息息相关。翻译实践不仅要以扎实的语言功底为基础,还要对语言背后的文化因素有深刻的认知和把握。下面就对英汉翻译之认知基础——文化因素的差异进行具体解读分析。

一、英汉思维模式差异解读

思维模式是指人类看待事物、观察世界并进行认知、推理的基本模式,它涉及思维形式、思维方法、思维路线、思维顺序以及思维倾向等基本要素。文化不同,思维模式也不同。不同的思维模式又使价值观、世界观、情感、信仰和态度取向等存在差异,进而导致行为准则、伦理道德、社会风俗以及生活方式的不同。下面就对英汉思维模式的差异进行解读。

(一)英汉思维路线差异解读

从思维路线层面来看,英汉两个民族的思维路线可谓大相径庭。具体体现在英语文化的直线型思维和汉语文化的螺旋形思维。

1.英语文化的直线型思维

根据闫文培的观点,英语文化中的人们在长期使用线型连接和排列的抽象化的文字符号的过程中,思维线路逐渐发展成直线型,具有明显的直线性。同时,英语文化中的人们还主张"天人相分"的思想理念,认为所有的事物都是向前发展的,且事物和事物之间相互独立。因而其在说话或写文章时,都喜欢直接表达,而且说话的立场前后一致,不会用不相关的信息对真实事实进行掩盖。其文章也往往按直线进行展开,切入主题后就直接陈述段落中心思想,然后利用数据作为中心论点的支撑,从多个方面对主题句展开阐述,最后得到结论。例如:

I met with the foreign teacher from Australia on the new campus at 7：30 yesterday evening, whom most of your classmates liked most.

昨晚7点半在新校区,我碰到了那位最受你们大多数同学喜爱的来自澳大利亚的外教。

2.汉语文化的螺旋形思维

汉语文化下的人们则以整体性思维模式为主,并受到整体性思维模式的影响,将事物作为整体进行直觉综合,和形式论证相比,汉民族更看重领悟。这种思维模式下的人们观察事物时采用的是散点式方式,这种思维路线成螺旋形,是螺旋形思维。

从行文方式方面来看,中国人撰写文章时往往是以笼统、概括的陈述开头的方式。段落中常含有似乎与文章其他部分无关的信息。作者的见解或建议经常要么不直接表达出来,要么就是轻描淡写地陈述。

从语言的思考和运用上来看,常会反复使用前文用过的词语或句式。也因此在语言表达上呈现态度模糊、模棱两可的特点。无论是说话还是写文章时,中国人将思维发散出去之后还会再收回来,做到前后照应,首尾呼应。这种螺旋形思维下就会出现一种现象,那就是讲话人不会直接切入主题,而是反复将一个问题展开,最后再总结。

(二)英汉思维形式差异解读

从思维形式层面来看,英汉文化也各具特点。

1. 英语文化的逻辑实证性思维

英语文化下的人们注重逻辑实证,其思维的传统就是重视实证,崇尚理性知识,认为只有经过大量实证的分析检验得出的结论才是科学的、客观的。换句话说,英语文化下人们形成了一种理性思维定式,其思维有很强的理性、实证、思辨色彩,注重逻辑推理和形式分析。

英语文化下的人们强调逻辑实证性的思维,在语言层面主要体现在对"形合"(hypotactic)的侧重上。简而言之,西方人注重运用有形的手段使句子达到语法形式上的完整,其表现形式需要逻辑形式的严格支配,概念所指对象明确,句子层次衔接紧密,结构严谨,句法功能呈外显性。

2. 汉语文化的直觉经验性思维

汉语文化下的人们在认识世界时,不善于追求深入思考感性认识,也不善于对现象背后事物本质的哲学思辨,他们更多地满足于对现象的描述和对经验的总结。正如连淑能所说,"中国传统思维注重实践经验,注重整体思考,因而借助于直觉体悟,即通过直觉从总体上模糊而直接地把握认知对象的内在本质和规律。"

和英语语言注重"形合"相对应,汉语注重意合。换句话说,汉语语言表现形式主要受意念引导,从表面上看句子松散,概念、推理判断不严密,但是实质上存在一定的联系,需要受众主动去理解探究,而且它的句法功能具有隐性的特点。例如,"A wise man will not marry a woman who has attainments but no virtue."将其译成汉语为"聪明的男子是不会娶有才无德的女子为妻的。"句中的 a,who,but 等在译文中均没有体现。

二、英汉时间观念差异解读

时间观念是人们在社会实践中自然形成的对于时间价值的

看法。由于英汉文化的差异,不同民族在时间观念上也存在很大的不同。具体体现在以下几个方面。

(一)单元时间观与多元时间观

根据不同的文化时间习惯,霍尔(Hall)将时间观念划分为单元时间观和多元时间观。一般而言,英语文化中的单元时间观比较明显,而汉语文化中则主要体现为多元时间观。

(1)英语的时间文化属于典型的单元时间观。在大部分西方人看来,时间是单向的一条直线,通常在单一的时间内只能做一件事。英语文化中的人们也经常严格地按明确的时间表做事,并强调阶段性的结果,珍惜时间,注重做事效率。例如,欧美人拜访朋友前一般先事先约定开始和结束的时间,也谈不上"伤和气"。

(2)汉语的时间文化则属于典型的多元时间观。在大部分中国人看来,时间由点构成,同一段时间中能同时做很多件事情。因而中国人做事较为随意,往往没有明确的时间表,也对阶段性结果和做事效率没有太多讲究,认为只要在最终期限内完成所有任务就行。例如,中国人在拜访朋友时一般不会事先约定结束的时间,因为"朋友情谊无价",除非有十分紧急的事情,否则都可以放一放以免"伤了和气"。

如此一来,中国人通常会认为西方人太过冷漠,而西方人认为中国人缺乏时间观念。但随着经济全球化的不断进展,西方的单元时间观念开始被越来越多的中国人所接受,现在的中国人也非常注重做事效率。这说明中国在文化形式上已经进入单元和多元时间观并重的时代,但是中国人讲究人情味,注重"以人为本"的文化精髓并没有发生变化。

(二)直线型时间观和环型时间观

在时间观念方面,英汉的文化差异还体现为英语的直线型时间观和汉语的环型时间观。

英语国家的人们习惯向前看,着眼于未来。例如,霍尔指出:

"在西方世界,任何人都难逃单向时间的铁腕控制",弥尔顿将时间比作"偷走青春的神秘窃贼"。汉语民族则将时间看作是旋转圆环,冬去春来,周而复始,因而他们习惯向后看,立足于过去,这种环型文化观念在诗歌与散文中可以窥见。例如,词句"明日复明日,明日何其多?""三十年河东,三十年河西"等都体现了环型时间观。

三、英汉空间观念差异解读

空间观念指的是人们在长期生活实践中逐步形成的、有关交际各方的交往距离和空间取向的约定俗成的规约以及人们在社会交往中的领地意识。❶ 英汉文化在空间上的差异又具体体现在领地意识、空间取向和交往距离等方面。

(一)领地意识差异解读

根据霍尔的观点,领地意识是一个专业术语,它用于描述所有生物对自己领土属地或势力范围的占有、使用和保护行为。领地又可以进一步分为个人领地和公共领地,个人领地是指个人独处和生活的范围,如住房、卧室等。公共领地是指家庭成员或社会成员所共同拥有的场所、设施等。英汉两种文化在领地意识方面的差异主要体现在以下几个方面。

1.领地占有欲方面的差异

相比较而言,英语民族的人们的领地占有欲更为强烈,其领地概念甚至延伸到对个人物品的独占。例如,无论在工作单位或公共场合,人们都时刻明确划分和维护自己的领地范围,即使是在自己的家里,也不允许他人随意进入自己的房间。同时,他们还十分注重对自己隐私的保护,不愿意别人打探自己的隐私,即

---

❶ 闫文培.全球化语境下的中西文化及语言对比[M].北京:科学出版社,2007:97.

便是和自己关系亲密的人也是如此。

对比之下,汉民族的人们受到聚拢型文化的影响,更愿意和别人分享。且中国人的隐私范围相对很小,很多在西方人看来属于隐私的,在中国人看来似乎根本算不上是隐私。例如,在医院病房中,护士常常不打招呼就进入患者房间打扫卫生,而这在西方人眼中是不能容忍的。

2.领地受侵犯时的反应差异

英汉两种文化下的人们在领地受侵犯时的反应也存在着明显的差异。英语文化下的人们在领地受侵犯时会表现出明确的不满,并加以阻止。例如,西方人会强烈指责排队时"加塞儿"的行为。汉民族文化下的人们在领地受侵犯时的反应则相对温和些。例如,朋友到主人家做客时,客人常会随意触动、翻看主人桌上的物品,中国人遇到这种情况常会不以为意。

3.领地标识方面的差异

在领地标识方面,英汉文化也呈现出明显的差异。中国人口稠密,而且个人空间比较狭小,因此中国人习惯用有形的物品明确地将领地与公共空间隔离开来。在中国,高大的围墙、马路边的栏杆随处可见。但是在西方国家,房子与房子之间的隔离只靠矮矮的篱笆,甚至一块匾额。

(二)空间取向差异解读

空间取向指的是交际各方在交往中所取的空间位置、朝向等。空间取向最常涉及的就是座位安排问题。英汉两种文化在空间取向方面的差异具体表现在以下几个方面。

1.会谈座位安排

在会谈座位安排方面,在诸如商务谈判和会谈等正式场合中,英汉两种文化下的就座安排基本相同,都是右为上和面向房门为上。中国人在谈正事时,尤其是谈判、商讨要事、宣布重大事项时更是要面对面隔桌而坐,批评或训斥下属则大多面对面隔桌站立。但在非正式场合中,西方人总是彼此呈直角或面对面就座,前者往往是谈私事或聊天,而后者则态度较为严肃、庄重。如果同坐一侧,就表明两人关系十分密切,通常是夫妻、恋人或密友。而中国人在谈私事、闲聊时,则无论彼此关系是否达到密切的地步,都喜欢肩并肩并排就座。

2. 就餐座位安排

在就餐座位安排方面,英汉两种文化虽有差异,但也存在一些相同点。通常而言,桌首位置坐的都是一家之主的男性最高长辈;桌尾位置,也就是靠近厨房的位置通常是家庭主妇的位置,方便端菜盛饭等;其他家人分坐桌子两侧。

不同之处在于,英语文化下安排餐桌座位通常以右为上、左为下,汉语文化中则以面南(或朝向房门)为上、面北(或背向房门)为下;如有夫人出席时,英语文化中的人们以女主人为主,让主宾坐在女主人右上方,主宾的夫人坐在男主人的右上方,主人或晚辈坐在下方。

3. 教室座位安排

由于英汉文化的差异,其在教室座位安排方面也表现出明显的不同。一般而言,英语文化下的人们教室座椅摆放较为随意,常将书桌摆放成马蹄形、圆形、扇形、整体传统式、分组模块式等,符合西方国家轻松、愉快的教学理念。汉语文化下的教室桌椅摆放得相对固定死板,通常摆放成整体传统式即成排地横向摆放,体现了肃穆、严谨的教学理念。

总而言之,英语和汉语在语言和文化层面虽有相似点,但差异几乎无处不在,对这些语言差异和文化差异的系统化认知和掌握是夯实语言基础的法宝,也唯有深刻地理解了这些语言差异和文化差异的具体知识,才能在英汉翻译实践中做到游刃有余,才能既忠实于源语,又能译出满足译入语读者需要的精品之作。

第四章　英汉翻译技巧研究

在长期的翻译研究中,很多翻译学家都总结出了大量的翻译技巧,这是确保译文在忠实传递原文信息的基础上,顺利、流畅地表达原文真实意义的保障。本章就英汉翻译技巧的相关问题进行探讨,包括词汇翻译技巧、句子翻译技巧和语篇翻译技巧。

第一节　词汇翻译技巧

英语词汇丰富多样,在对其进行翻译时需要根据不同的词汇现象采用不同的翻译技巧,本节主要从词义的选择、词义的引申、词类的转译、词语的增译、省译方面对词汇翻译技巧进行分析。

一、词义的确定技巧

在翻译过程中,译者可以根据词汇的词性、词语的搭配、专业领域用语等方面来确定词汇的含义。

(一)根据词性确定

英语中单词的词性不同,其意义也往往不相同。因此,在英汉翻译过程中选择某个词的词义首先要根据上下文确定词性,一旦词性确定了,意义基本也就确定了。根据词性确定词义是词汇翻译的基本技巧。例如,下面句子中都带有 like,对它的翻译就要根据词性来确定。

Like knows like.

英雄识英雄。（名词）

Like enough it will snow.

很可能要下雪。（副词）

It doesn't look like snow.

天不像要下雪的样子。（介词）

（二）根据词语的搭配确定

由于英汉文化差异的原因,英语和汉语都有各自固定的词组和搭配,因此在翻译时必须注意两种语言之间的这种区别。例如,动词 raise 的基本含义是"举起;使升高",但不同的短语搭配中,其词义却发生了变化。

raise fears 引起恐惧

raise a family 养家糊口

raise vegetables 种植蔬菜

raise the dead 使死者回生

raise a fleet 集结一支舰队

raise a monument 树一座丰碑

再如,形容词 heavy 虽然其基本含义是"重的",但在下列短语中,由于搭配的词语不同,其含义也有所不同。

heavy road 难走的路

heavy hand 手段严厉

heavy weather 恶劣天气

heavy heart 沉重的心情

heavy market 萧条的市场

heavy applause 热烈的掌声

（三）根据专业领域用词确定

英语中的一些词语既具有普通意义,又有在专业领域内的特定含义。以 default 一词为例,它在一般语境下的意思是"拖欠、未履行",如 in default on a loan 意为"拖欠贷款"。在计算机用语中,default 则常被翻译为"缺省",指"由操作系统自动指定并持续有效的特定值",如 default share,意为"缺省共享"。在法律范畴里,则意为"被要求出席时未到席",如 make a default,意为"未出庭"。下面再以 boot 一词为例说明。

He booted the ball across the field.

他把球踢到场地的另一头。

在此句中,boot 应理解为"踢"。

Tom got the boot for frequently coming late.

汤姆因经常迟到而被解雇。

在此句中,boot 应理解为"解雇"。

There are several very simple tweaks that will significantly decrease the amount of time it takes your computer to boot up.

有几个非常简单的方法可以极大地减少计算机启动的时间。

在此句中,boot up 应理解为"启动计算机"。

由此可见,根据不同的专业领域确定词义是一个很有效的词义选择策略。

二、词义的引申技巧

在翻译过程中,译者可根据词汇的基本引申意义、抽象化引申意义、具体化引申意义、典故引申意义、逻辑引申意义等方面来确定词汇的真正含义。

(一)基本意义引申

一个词的基本意义称为该词的"直接意义",其表达的是原始意义。由基本意义可以引申出许多新义,称为"引申义",这些引申出来的新义与词的基本意义既有区别又有联系。例如:

We are eager to benefit from your curiosity.

我们殷切希望从你们的探索精神中获益。

curiosity 的基本含义为"好奇心",在此处引申为"探索精神"。

These resolutions are no more pious wishes and are still-born.

这些决议只不过是一些虔诚的愿望而已,其墨迹未干就不生效了。

stillborn 的本义是"出生后即死亡",此处引申为"墨迹未干"。

(二)抽象化引申

现代英语常用一个表示具体形象的词来表示一种属性、一个事物或一种概念,翻译时可将其词义做抽象化的处理,用比较笼统概括的词加以表达,以使译文更加自然流畅。可见,词义的抽象化就是指将原文中表示具体形象的词作概括性的引申,译成意义抽象的词。例如:

I have no head for English.

我没有英语方面的天赋。

译文将原句中的 head(头)引申为"天赋"。

Every life has its roses and thorns.

(每个人的)生活有甜也有苦。

原文中的 roses(玫瑰)和 thorns(刺)本是两个具体形象,译文将它们引申为其所代表的属性:甜和苦。

(三)具体化引申

与词义的抽象化相反,词义的具体化是指根据目标语的表达习惯,把原文中抽象笼统的词语引申为意义明确具体的词语。因为英语中常用代表抽象意义的词表示一种具体事物,在译成汉语时需要进行具体化的引申,以避免译文晦涩费解。例如:

It is more than transient everydayness.

这远远超出了一时的柴米油盐、衣食住行问题。

原文中的 everyday 本义是"日常的",这里将其具体引申为"柴米油盐、衣食住行"。这样的表述更为具体,也符合汉语的表达习惯。

(四)典故引申

每个民族在长期的历史发展过程中都形成了丰富的典故成语,对典故的应用可以延伸出比字面意思更深刻的涵义,从而言简意赅地表现各种社会关系和生活经验,发人深省。因此在翻译过程中要注意对这些典故进行引申。例如:

It is unfair that historians always attribute the fall of kingdoms to Helen of Troy.

历史学家总是把王国的倾覆归于红颜祸水,这是不公平的。

Helen of Troy 在这里引申为"红颜祸水"。

She is considered as Helen of Troy in her class.

她被认为是班里最漂亮的。

Helen of Troy 在这里引申为"最漂亮的女人"。

(五)逻辑引申

翻译的成功与否与很多种因素有关,其中逻辑思维和逻辑表达是重要的因素。因此,在翻译过程中要格外注意英民族和汉民族的人在逻辑思维方面的差异,以及英汉两种语言在表达习惯方面存在的差异。这就涉及逻辑性引申,它是指根据上下文的内在联系,由表及里,运用一些符合汉语习惯的表达法,选用确切的汉语词句,将原文的弦外之音补译出来,以避免译文的晦涩难懂。例如:

Previously, if I had been really interested in a book, I would race from page to page, eager to know what came next. Now, I decided, I had to become a miser with words and stretch every sentence like a poor man spending his last dollar.

在那以前,我要是对一本书真感兴趣,我往往一页一页拼命往下翻,急于知道下文的内容。现在我决定对词汇要像守财奴那样不轻易放过;也要像穷人过日子,把每一个句子当作身边最后一块钱,省吃俭用,慢慢花费。

在上句中,a miser with words 指的是"词汇要像守财奴那样不轻易放过",stretch every sentence like a poor man spending his last dollar 指的是"像穷人过日子,把每一个句子当作身边最后一块钱,省吃俭用,慢慢花费"。其中的"不轻易放过"和"省吃俭用"均为逻辑引申。译者并根据原文内涵进行了增译,既丰富了原文的内涵,又增添了译文的韵味。

三、词类的转译技巧

由于英汉语言存在很大差异,尤其是语法方面更加明显,在翻译过程中为了便于目的语读者理解,译者对词汇可进行相应的词类转换,以使译文更加符合目的语的表达要求。

(一)转译为名词

1.动词转译为名词

动词转译为名词主要有以下两种情况。

(1)英语被动句译成汉语"受(遭)到……＋名词""予以……＋名词"等结构时,该英语动词转译成汉语名词。例如:

Her image as a good salesman was badly **tarnished.**

她作为一个好推销员的形象,已**遭到**很大的**玷污**。

(2)英语中一些由名词派生或转用的动词,其概念很难用汉语动词来表达,翻译时可将该英语动词转译成汉语名词。例如:

The university **aims** at the first rate of the world.

学校的**目标**是成为世界一流的大学。

2.形容词转译为名词

形容词转译为名词主要有以下两种情况。

(1)用来表示特征或性质的英语形容词,可译成汉语名词。

例如：

The **true**, the **good** and the **beautiful** always exist in comparison with the **false**, the **evil** and **the ugly**, and grow in struggle with the latter.

真、**善**、**美**总是在同**假**、**恶**、**丑**相比较而存在，相斗争而发展。

（2）有的形容词加上定冠词可以表示某个种类，汉译时可以译成名词。例如：

They did their best to help the **poor** and the **sick**.

他们尽了最大的努力帮助**穷人**和**病人**。

3.副词转译为名词

因表达需要，英语中的有些副词也可转译成汉语名词。例如：

They have not done so well **ideologically**, however, as organizationally.

但是，他们的思想工作没有他们的**组织工作**做得好。

（二）转译为动词

1.名词转译为动词

（1）英语中有大量由动词派生的名词和具有动作意义的名词，或者既可以用作动词又可以用作名词，在翻译时往往可以将其转译成动词。例如：

The **application** of electronic computers makes a tremendous **rise** in labor productivity.

使用电子计算机可以大大**提高**劳动生产率。

（2）表示身份特征或职业的英语名词即带-er 或-or 的名词，在句中不指身份或职业而含有较强的动作意味时可译成汉语动词。例如：

I'm afraid I can't teach you dancing. I think my daughter is a better **teacher** than I.

我未必能教你舞蹈,我想我女儿比我**教**得好。

(3)有些名词具有一定的动作含义,常常与介词短语共同构成一个名词化的结构,并且该名词可以转译成汉语动词。例如:

The **sight** of the old man reminds me of his passed father.

看到那个老人,使我想起了他已故的父亲。

The **love** of parents of their children is perfect and minute.

父母**爱**子是无微不至的。

(4)作为习语主体的名词往往也可以译成动词。例如:

Have a **taste** of the newly produced water-melon in Xinjiang.

尝尝新疆新产的西瓜。

I took a final **look** at my lovely hometown.

我最后**看**了一眼可爱的家乡。

2.形容词转译为动词

翻译英语中的形容词时经过派生或转换成的形容词可以转译为动词。很多时候可以将其动词意义进行引申;还有一些表示心理状态的形容词,这些形容词在汉语中一般用动词表示与之对应的心理状态,因此需要进行转译。例如:

All the students say that the professor is very **informative**.

所有的学生都说那位教授使他们**掌握**了许多知识。

3.副词转译为动词

翻译英语中的副词时可将其转译为汉语中与之对应的动词。例如:

Now,I must be **away**,the time is up.

现在我该**离开**了,时间已经到了。

4.介词转译为动词

英语中有很多介词或介词短语具有一定的动作含义,因此在对这类词进行翻译时可将其转译为汉语动词。例如：

This is the key to the window. Open the window to escape in **case of** fire.

这是打开窗户上锁子的钥匙。如果**遇到**火灾，打开窗户逃走。

（三）转译为形容词

1. 名词转译为形容词

有些名词在进行翻译时还可将其转译为形容词，这类的名词一般是由形容词派生而成。例如：

The activity organized by Nancy staff was a **success**.
这次由南希组织的活动是**成功的**。

2. 副词转译为形容词

英语中有些副词也可以转译为汉语中的形容词。例如：
His work was **well** finished, so his manager praised him.
这一次他的工作完成得**很好**，因此他受到了经理的表扬。

（四）转译为副词

1. 名词转译为副词

翻译英语中的某些名词时，可以将其转译为副词，这些名词或短语一般具有抽象意义。例如：

The boy in the car is studying the little cat beside him with **interest**.

车上的那位男孩正**好奇地**打量着他旁边的那只小猫。

2. 动词转译为副词

有些英语的动词与汉语的副词在意义方面是一致，对这种动

词进行翻译时,需要将其转译为汉语中的副词。例如:

Mary succeeded in getting the opportunity.

玛丽成功地得到了这个机会。

3.形容词转译为副词

还有一部分形容词在进行翻译时可将其译为汉语中的副词。例如:

She then acted as a **reluctant** interpreter.

她当时**并非情愿地**当了一次翻译。

You should give your TV set a **thorough** examination to see if there is really something wrong with it before you get it repaired.

送修之前,你应当**彻底地**检查一下你的电视机,看看它是否真的出了问题。

四、词语的增译技巧

由于英汉语言的差异性,译者在翻译过程中需要根据语法、意义、修辞等进行词汇增加,从而使译文更加准确、地道。

(一)因语法需要增译

1.增加量词

在英语中,量词在数词与可数名词之间是不存在的,但是汉语中的数词与可数名词之间是存在量词的。因此,在对其进行翻译时需要按照汉语的表达习惯相应地增加适当的量词,从而对句中的名词起到一定的修饰作用。例如:

Apart from a period of silence,the war between the east and the west lasted 10 years.

除了一段短暂的安静,东西部之间的这场战争持续了10年。

2. 增加语气词

英语中的语气词使用频率比汉语高,汉语中的语气词如"啊""吧""啦"等较为常见。语气词不同,其表达的色彩和意义也不同,在对其进行翻译时需要结合汉语的表达习惯灵活地传递原文的真实含义。例如:

My mom prepared the meal, chatted, laughed, proposed health.

我妈妈又是准备饭菜啊,又是交谈啊,笑啊,敬酒啊,忙不停歇。

3. 增加时态词

英语中,很多动词的时态是通过词形变化或者增加一定的助动词来实现的。而汉语中的动词是不存在词形变化的,常常需要增加一定的时态助词来表示时态。例如,"在""正在""曾""已经""了""着""过""要""便""就"等。例如:

The teacher had taught Mark to write essay and Mark loved her.

原来老师教会了马克写散文,所以马克喜欢她。

4. 增加关联词

英语中关联词的使用不如汉语频繁,英语可利用不定式、分词和独立结构等语法形式表达某些成分之间的逻辑关系。因此,在翻译时一定要选用合适的关联词,以便准确表达原文中的确切含义。例如:

Heated, water will change to vapor.

如水受热,就会汽化。

(二)因意义需要增译

1. 增加名词

(1)在不及物动词后增加名词。英语中对区分及物动词和不及物动词的使用要求非常严格,因此翻译成汉语时也必须严格区分。当某一个动词作不及物时看似是没有宾语,实际上是隐藏在动词后,对其进行翻译时常要增补隐含的宾语,以使句子意思表达通顺。例如:

Mother said to her five year old son:"You must wash before meal,wash after getting up and wash before going to bed."

母亲对五岁的儿子讲:"你必须饭前洗手,起床后洗脸,睡前洗脚。"

(2)在形容词前增加名词。有些情况下,可以在形容词的前面适度增加名词。例如:

This television is indeed cheap and nice.

这台电视确实是物美价廉。

(3)在抽象名词后可以增加名词。英语中的一些名词是经过形容词或动词派生而成的,对其进行翻译时需要增加一定的名词,才能更好地对其表达。例如:

Both sides are willing to hold face-to-face talks in order to ease tension.

双方都愿意举行面对面的会谈以缓和紧张局势。

2.增加动词

有时英语中常常会省略一些重复出现的动词,然而在翻译时需要重新将其表达出来。例如:

My family,studying and friends are not enough to satisfy my life.

料理家务、结交朋友,这些事不足以满足我的生活需求。

3.增加形容词或副词

有时翻译英语的名词时,为了进行有效的翻译往往需要增加一定的形容词或副词。例如:

The Yellow River Bridge is long.

黄河大桥很长。

At the meeting he made a speech,eloquent and energetic.

他在会上发表了讲话——很动听,很有力。

4.增加概括词

有些情况下,并不是所有的英语语言中都有概括词,针对没有的情况对其翻译时应增加概括词,如"两人""等"等,并且将英文中的连接词省译。例如:

Politically,economically and culture

政治、经济和文化等方面

Mandy and I.

曼迪和我两人。

(三)因修辞需要增译

有的情况下,为了起到强调的作用或者令译文的表达更为生动、自如,需要在译文中适当增补一些描述词、语气助词等,或需要使用叠词、重复等某些修辞手段。例如:

I hope that we will not have had lunch too long,for it will miss the important meeting in the afternoon.

我希望午餐不要吃得太长时间,时间太长就错过下午重要会议了。

五、词语的省译技巧

在英汉翻译的过程中,有时需要对原文中的一些词汇进行省略,从而使得译文简洁明了、表达准确。对此,译者可根据语法、意义、修辞等方面进行词汇的省译。

(一)因语法需要省译

1.省略动词

在英语中,谓语是一个句子中的重要成分之一,谓语肯定包含有动词,所以对于一个英语句子来说,是不能缺少动词的。可是,对汉语中的句子而言,谓语并不是一定需要使用的,很多情况下,如表示人物、事物等状态、性质时则不需要使用谓语动词。这种情况下翻译时可以将原文的谓语动词省略,如英语中的系动词常常被省略。例如:

Emmy is very fond of making fun of her classmates.

艾米非常喜欢拿同班同学开玩笑。

2.省略名词

有时,英语介词 of 后面的名词在译成汉语后就已经将意思表达清楚,这时便可以将 of 前面表示度量等意义的名词省略。例如:

Different kinds of food have different taste.

不同种类的食物具有不同的味道。

3.省略代词

代词的省略主要有以下几种情况。

(1)省略物主代词。例如:

I wash my cloth this afternoon.

今天下午我洗衣服。

(2)省略非人称代词 it。英语中非人称代词 it 常常用作主语或宾语,有时用来强调句子,翻译时往往可以省略不译。例如:

There is a fairy-tale book in the library,have you seen it?

图书馆里有一本童话书,你看了吗?

(3)省略作主语的人称代词。英语中通常每句都有主语,因此人称代词作主语的情况非常常见。而汉语中如果存在两个或多个主语,一般只保留第一个主语,其他的主语不用反复地出现。所以在对作主语的人称代词进行翻译时,往往将原文中重复的主语省略不译。例如:

Everywhere you can see kinds of clean rivers and green hills in my hometown.

在我的家乡可处处看到清澈的河流和青山。

(4)省略作宾语的代词。有些代词在句中作宾语,对其进行翻译时往往将其省略不译。例如:

Leakage of electricity may cause a fire. You must take good care of it.

漏电可能引起火灾,你得千万小心。

4.省略介词

在进行英译汉时,英语中的介词大多数都可以省略,尤其是出现在句首的时候。有些英语中的介词表示地点,对其翻译时可将其省略不译。例如:

Have you got any money with you?

你身上有钱吗?

He stood by the desk.

他站在桌旁。

5.省略冠词

定冠词和不定冠词是英语语言中所特有的,然而这一语言现象在汉语中却是不存在的,因此在翻译冠词时,汉语中没有相应的语言与之对应,往往将其省略。例如:

An English teacher should have enough patience.

英语教师需要具备足够的耐心。

(二)因意义需要省译

根据英汉语言不同的表达习惯,在对其进行翻译时往往可以省略一些无关紧要的词汇,或当直译不符合译入语表达习惯时,也可以省略一些词语。例如:

Perhaps you have overlooked the fact that your account for July purchase has not yet been settled.

也许您忘了七月份购货账还没有结算。

（三）因修辞需要省译

有些原文由于修辞需要必须重复某些词语，以起到强调作用，根据译文表达习惯有时会省略这些重复的词语，使译文清晰简明。例如：

There was no snow, the leaves were gone from the trees. The grass was dead.

天未下雪，但叶落草枯。

第二节　句子翻译技巧

句子作为语言的基本单位，其结构是复杂多变的。英语语言中有着不同的句子表达方式，因此这对句法层面的翻译造成一定的影响。为了进行有效地翻译，本节主要分析句子翻译技巧，借以充分地理解源语与目标语之间的表达异同和真实含义。

一、被动句的翻译技巧

在英汉翻译过程中被动句是非常常见的，译者可通过以下翻译技巧对其进行翻译，即译成主动句、被动句、无主句、"把"字句等。

（1）译成主动句。将英语的被动句译为汉语的主动句是很常用的方法，此时通常保持英语原文的主语，只是不译出"被"字，这主要是出于译文通顺的考虑，可以消除不必要的误解。例如：

My first ten years were spent in a poverty-stricken mountain area.

我的前 10 年是在一个贫困山区度过的。

The whole country was armed in a few days.

几天之内全国就武装起来了。

(2)译成被动句。一些形式较为单一的英语被动句可以翻译成带有"被、遭(到)、受(到)、为……所……"等被动标记的汉语被动句。例如：

He was attacked by a lot of bees.

他遭到了大批蜜蜂的攻击。

(3)译成无主句。英语的句子结构比较严谨,深受主、谓、宾结构的限制,而汉语的句子结构则相对灵活,有些情况下句子中还没有主语。基于这种情况,从译文的表达效果的角度考虑,在对英语的被动句进行翻译时,可将其译为汉语的无主句。例如：

Attention should be paid to your handwriting.

应该注意你的书写。

如果按照原文的被动句的结构进行翻译,为"你的书写应该被注意",则不符合汉语的表达习惯,也不利于读者的理解。针对这种情况,按照汉语无主语的情况,将其译为"应该注意你的书写"。

(4)译成"把""使""由"字句。英语中的一些被动句在汉译时,可以译成汉语中的"把"字句、"使"字句或者"由"字句。例如：

I'm homeless now, because my house was totally destroyed by a big fire.

我现在无家可归了,因为一场大火把我的房子完全烧毁了。

Traffic in that city was completely paralyzed by the flood.

洪水使那座城市的交通彻底瘫痪。

This letter was written by the president himself.

这封信是由总统本人写的。

上述例句中,如果按照英语的结构翻译"房子被大火完全烧毁了""那座城市的交通彻底被洪水弄瘫痪了""这封信是被总统本人写的",显然这不符合汉语的表达习惯,针对这种情况,可以对其进行调整,将英语中的被动句翻译为"把""使""由"字句,即"一场大火把我的房子完全烧毁了""洪水使那座城市的交通彻底瘫痪""这封信是由总统本人写的"。

二、否定句的翻译技巧

否定句可分为部分否定句、全部否定句、双重否定句,下面就对这三种否定句的翻译技巧展开分析。

(1)部分否定句的翻译。部分否定是指整个句子中的意义不仅包含肯定的意义,还包含否定的意义。部分否定句一般由代词或者副词与否定词 not 搭配构成,形式上是否定的,但实际意义却是部分否定,通常译为"不都是""不总是"等。这些代词或副词有 both,all,absolutely,every,everyday,everywhere,everyone,everything,entirely,altogether,wholly 等。例如:

Both the doors are not open.

两扇门并不都是开着的。

Not everybody was invited.

并不是每个人都受到了邀请。

I do not want everything.

我并不是什么都想要。

(2)全部否定句的翻译。英语中的全部否定是指将句子否定对象加以完全、彻底地否定,即否定整个句子的全部意思。构成全部否定的单词和词组主要有 no,none,never,nobody,nothing,nowhere,neither…nor,not at all 等。❶ 在翻译这类否定句时,只需将否定词直译即可。例如:

There is not any advantage without disadvantage.

有利必有弊。

Mary is no scientist.

玛丽根本不是科学家。

She has nothing to do with the matter.

---

❶　钟书能.英汉翻译技巧[M].北京:对外经济贸易大学出版社,2010:179.

她和这件事毫无关系。

None of the answers are right.

这些答案都不对。

（3）双重否定句的翻译。双重否定是在同一个句子里出现两个否定词，或一个否定词与某些表示否定意义的词连用。常见的双重否定形式主要有 no … not，no less than，not … any the less，without … not，never/no … without，not … until，not/none … the less。进行翻译时，可以译为汉语的双重否定句，也可以译为汉语的肯定句。例如：

No less than one hundred people were killed in the accident.

事故中多达一百人死亡。

There is nothing unusual there.

那里的一切都很正常。

Don't open the door until the car stops.

车未停不要开门。

三、从句的翻译技巧

对于从句的翻译，译者需要根据情况采取相应的翻译技巧。下面主要分析定语从句、名词性从句的翻译。

（一）定语从句的翻译

定语从句可分为限制性定语从句、非限制性定语从句，下面就分析二者的翻译。

1. 限制性定语从句的翻译

每个定语从句中都有一个先行词，限制性定语从句与先行词有着密切的关系，对先行词起着限制作用。书写时不需要逗号隔开，对限制性定语从句进行翻译可以采用以下几种方法。

（1）前置法。在对限制性定语从句进行翻译时，将其译成带

"的"字的定语词组,并将这一定语词组置于被修饰词的前面,这样就将英语的复合句翻译成汉语的简单句。这就是所谓的前置法。❶一般而言,简单的定语从句常常使用前置法进行翻译。例如:

Everything that is around us is matter.

我们周围的一切都是物质。

that is around us 译为"的"字的定语词组"我们周围的"。

You can take any one which you like.

你可以把你喜欢的那个拿走。

which you like 译为"的"字的定语词组"你喜欢的"。

A man who doesn't try to learn from others cannot hope to achieve much.

一个不向别人学习的人是不能指望有多少成就的。

who doesn't try to learn from others 译为"的"字的定语词组"不向别人学习的"。

(2)后置法。当定语从句的结构较为复杂,将其译成汉语的前置定语则会显得冗长,与汉语的表达习惯不一致,这种情况下可以采用后置法进行翻译,将其译为后置的并列分句。主要包括以下两种情况。

其一,省略英语先行词,译成并列分句。例如:

He was an old man who hunted wild animals all his life in the mountain.

他是个一辈子在山里猎杀野兽的老人。

He is a surgeon who is operating a patient on the head.

他是一个外科医生,正在给病人头部动手术。

其二,重复英语先行词,译成并列分句。例如:

She will ask her friend to take her daughter to Beijing where she has some friends.

---

❶　黄成洲,刘丽芸.英汉翻译技巧[M].西安:西北工业大学出版社,2008:80.

她将请朋友把她的女儿带到北京,在北京她有些朋友。

They are striving for the ideal which is close to the heart of every Chinese and for which, in the past, many Chinese have laid down their lives.

他们正在为实现一个理想而努力奋斗,这个理想是每个中国人所追求的,在过去,许多中国人为了这个理想而牺牲了自己的生命。

2. 非限制性定语从句的翻译

英语非限制性定语从句仅仅对先行词进行描述或解释,起不到一定的限制作用,对非限制性定语从句进行翻译时可采用以下几种方法。

(1)前置法。前置法就是将英语非限制性定语从句译成带"的"字的前置定语,并将其放在被修饰词的前面。例如:

The emphasis was helped by the speaker's mouth, which was wide, thin and hard set.

讲话人那又阔又薄又紧绷的嘴巴,帮助他加强了语气。

He liked his sister, who was warm and pleasant, but he did not like his brother, who was aloof and arrogant.

他喜欢热情快乐的妹妹,而不喜欢冷漠高傲的哥哥。

原文中存在两个非限制性定语从句 He liked his sister, who was warm and pleasant, but he did not like his brother, who was aloof and arrogant。对此进行翻译时都译为"的"字结构,即"热情快乐的""冷漠高傲的",分别修饰"妹妹""哥哥",作前置定语。

(2)后置法。对非限制定语从句进行翻译还可以使用后置法,主要包括以下几种情况。

其一,译成独立分句。例如:

They were also part of a research team that collected and analyzed data which was used to develop a good ecological plan for efficient use of the forest.

他们还是一个研究小组的成员,这个小组收集并分析数据,用以制订一项有效利用这片森林的完善的生态计划。

其二,译成并列分句。例如:

When she was lost to his view, he pursued his homeward way, glancing up sometime at the sky, where the clouds were sailing fast and wildly.

当他看不见她了才朝家里走去,有时抬头望望天空,乌云在翻滚奔驰。

(二)状语从句的翻译

依照状语从句在主从复合句中所表达的意义,可将其分为时间状语从句、目的状语从句、原因状语从句、条件状语从句、结果状语从句等。下面将对各类状语从句的翻译方法与技巧进行具体分析。

1. 时间状语从句的翻译

时间状语从句的译法相对比较复杂,不能简单地拘泥于表示时间的一种译法,一定要结合所处语境,通过理解其深层含义,运用不同的译法。❶ 这里以较为复杂的 when 作为例子进行说明,在翻译 when 引导的时间状语从句时,不能拘泥于表示时间的一种译法,要结合实际环境,采用不同的翻译方法。例如:

He shouted when he ran.

他一边跑,一边喊。

上例原文中主句和从句的动作同时发生,因此译为汉语的并列句。

When Mom spoke, the tears were running down.

妈妈说话时,泪流满面。

上例原文中的 when 引导的从句的谓语动作与主句谓语动作

---

❶ 卢思源.新编实用翻译教程英汉互译[M].南京:东南大学出版社,2008:125.

同时发生,因此译为"……时"。

When I reached the beach, I collapsed.

我一游到海滩就昏倒了。

上例原文中的主、从句的动作几乎在同一时间发生,因此译为汉语中的"一……就……"结构。

When the plants died and decayed, they formed organic materials.

在植物死亡并腐烂后,便形成有机物。

上例原文中的从句的动作先于主句的动作,因此译为汉语中的"在……之后"结构。

2.条件状语从句的翻译

在翻译条件状语从句时,可以将其译为三种:即表"条件"的状语分句;表示"假设"的状语分句;"补充说明"的状语分句。例如:

If you tell me about it, then I shall be able to decide.

如果你告诉我实情,那么我就能做出决定。

上例原文中的条件状语从句译为汉语中"表条件"的状语分句。

If the government survives the confident vote, its next crucial test will come in a direct vote on the treaties May 4.

假使政府经过信任投票而保全下来的话,它的下一个决定性的考验将是 5 月 4 日就条约举行的直接投票。

上例原文中 if 引导的从句译为汉语中"表假设"的状语分句"假使政府经过信任投票而保全下来的话"。

3.让步状语从句的翻译

让步状语从句的翻译主要有以下两种情况:译成表"让步"的状语分句;译成表"无条件"的状语分句。例如:

Although he seems hearty and outgoing in public, Eric is a withdraw and introverted man.

虽然艾瑞克在公共场合是热情和开朗的,但是他却是一个性格孤僻、内向的人。

上例原文中的 Although he seems hearty and outgoing in public 译为汉语中相应的表"让步"的状语分句。

Whatever combination of military and diplomatic action is taken,it is evident that he is having to tread an extremely delicate tight-rope.

不管他怎么样同时采取军事和外交行动,他显然不得不走一条极其危险的路。

上例原文中的 Whatever 引导的让步状语从句译为汉语中表"无条件"的状语分句。

4.原因状语从句的翻译

在翻译原因状语从句时可以将其译成表原因的分句或者因果偏正句的主句。例如:

I study English because I want to be an English teacher.

我学习英语,因为我想当一名英语教师。

该例中,"因为"一词的使用就说明了将原文中的原因状语从句译成了表原因的分句,既简洁又通顺。

Because he was convinced of the accuracy of this fact,he stuck to his opinion.

他深信这件事的正确可靠,因此坚持己见。

根据内在的语义关系,上例原文中的从句译为主句,而主句则译为偏句。

5.目的状语从句的翻译

在翻译目的状语从句时,有时可以将其译成表目的的前置状语,有时可以将其译成表目的的后置状语。例如:

We should start early so that we might get there before noon.

为了在正午以前赶到那里,我们应该尽早动身。

Man does not live that he may eat, but eats that he may live.

人生存不是为了吃饭,吃饭是为了生存。

两个例句中,译文都译成了表达目的的句子,但是前者将状语前置,而后者将状语后置,但是无论前置还是后者,都将原文的意思表达出来并符合了汉语的表达习惯。

四、长句的翻译技巧

在对英语长句进行翻译时,通常采用解说法、顺承法、综合法等译法,下面进行详细说明。

(一)解说法

英语句子经常将解释与说明放置句尾,因而具有句尾开放的特点,但汉语复句分句间也通常有解释说明和总分的关系,因而可采取解说法这一翻译技巧进行翻译,先依据英语句意对汉语进行解说,先分后总或先总后分来翻译。❶ 例如:

This has become a kind of code, in which few words are spoken because each, along with its attendant murmurings and pauses, carries a wealth of shared assumptions and attitudes.

这已经成了一种社会惯例,话语极少,因为每一个词,随着说话人的沉吟与停顿,都表达了大量相互默契理解的心思与态度。

本例中原句包含一个定语从句、一个原因状语从句以及一个介词短语。主句先进行总述,然后从句对内容进行详细解释,和汉语的叙述方式很雷同,因而采用解说法的翻译技巧进行翻译更为恰当。

(二)顺承法

英语中的一些长句有时和汉语一样是按照空间、时间以及逻辑关系先后顺序等进行安排的,因而在翻译时可以按照英语原句

---

❶ 孙致礼. 新编英汉翻译教程[M]. 上海:上海外语教育出版社,2003:135.

的表达顺序进行翻译。例如：

The SPC members work on short-term tangible projects that help companies improve their supply chains, such as a Starbucks (SBUX) case study comparing its old packaging for chocolates to new packaging that reduced the amount of materials overall while increasing percentage of recycled materials.

SPC成员致力于开发短期又实际的项目来帮助公司们改善他们的供应链,例如星巴克(SBUX)这一案例中,使用新的包装来包装巧克力,较旧的包装而言,整体减少了材料使用的数量,但同时提高了循环使用材料的百分比。

本例中原文包含两个定语从句和两个分词短语,和汉语的表达基本类似,都是先叙事后表达目的和前因后果的逻辑关系,使用顺承法进行翻译保留了原句的语序,也使语义层次分明。

（三）综合法

在对英语长句进行翻译时,往往不能只采用一种翻译技巧,需要综合使用各种技巧。这就需要在翻译的过程中对原文进行仔细分析,并且按照一定的顺序,或时间先后的顺序,或顺序与逆序相结合的逻辑顺序,对原文进行综合层面的处理,从而将原文译成符合汉语表达习惯的通顺的句子。例如：

People were afraid to leave their houses, for although the police had been ordered to stand by in case of emergency, they were just as confused and helpless as anybody else.

尽管警察已接到命令,要做好准备以应付紧急情况,但人们不敢出门,因为警察也和其他人一样不知所措和无能为力。

翻译上述例句时首先将全句的各个部分打开,该句共有三层含义。

（1）人们不敢出门。（表示结果）

（2）尽管警察已接到命令,要做好准备以应付紧急情况。（表示让步）

（3）警察也和其他人一样不知所措和无能为力。（表示原因）

其次根据其逻辑顺序重新组合安排，稍作增词可得到以上的译文。

综上所述，英汉两种语言存在很多差异，中西文化也有很多不同，因此在进行翻译时遇到困难是难以避免的。这就需要译者在翻译时采取一定的翻译方法和技巧，其是人们在翻译实践中总结出来的一些有效的手法，主要涉及译者的遣词造句、译文的结构布局，关系到能否忠实、顺畅地再现原文的内容等。

第三节　语篇翻译技巧

除了分析词汇、句法的翻译技巧，还要对另外一个层面——语篇翻译技巧进行分析。本节就主要分析语篇翻译技巧，包括语篇衔接和语篇连贯。

一、语篇衔接

衔接，顾名思义是指上下文的连接，具有保持语义连贯、行文流畅的作用。篇章语言学中的衔接，是语段、语篇的显著特征，也是其中的一个重要术语。在语篇翻译中，衔接也是其中的一个重要环节，可以说，衔接的恰当与否是确保读者理解和接受篇章信息或话题主旨的关键。所谓语篇衔接，就是通过采取一定的语言手段，在词汇和语法的层面上，使得篇章中的各个部分都能产生一定的联系。

语篇衔接包括词汇衔接和结构衔接。其中，词汇衔接是语言语境的重要组成部分，是指前后词语的各个部分或成分之间在语篇中的语义关系。结构衔接是语言语境的重要表现形式，是指语篇中的某一结构与其上下文的另一结构之间存在的承启关系。

针对语篇的翻译，要正确理解原文语篇，注意通过衔接手段，将句子与句子、段落与段落按照逻辑组织起来,构成一个完整或相对完整的语义单位。在生成译文时可对原文的衔接方式进行必要的转换和变化。例如:

The human brain weighs three pounds, but in that three pounds are ten billion neurons and a hundred billion smaller cells. These many billions of cells are interconnected in a vastly complicated network that we can't begin to unravel yet … Computer switches and components number in the thousands rather than in the billions.

人脑只有三磅重,但就在这三磅物质中,却包含着一百亿个神经细胞,以及一千亿个更小的细胞。这上百亿、上千亿的细胞相互联系,形成一个无比复杂的网络,人类迄今还无法解开这其中的奥秘……电脑的转换器和冗件只是成千上万,而不是上百亿、上千亿。

整体来讲,上述译文采用了顺译法,但在细节之处又融合其他翻译方法。例如,在翻译原文中的 The human brain weighs three pounds 时,译文中增译了辅助动词"重",使得语义更加清楚;在翻译 many billions 时,并没有直接译为"许多十亿",根据汉语的表达习惯,将其译为了"百亿、上千亿"。这样的翻译使得译文逻辑流畅,衔接紧密,构成一个完整、统一的整体,而且便于读者理解。

二、语篇连贯

衔接是通过词汇或语法的手段使得语篇上下文连接一致,构成了语篇的有形网络。连贯则是在信息发出者与信息接受者共同了解的基础上,通过逻辑推理的方式实现语义上的连贯,就像是一个无线的网,构成了语篇的无形网络。译者在进行语篇翻译时,需要充分地表达句内、句间或段间的关系,从而理解原语篇的意义和题旨,从中体会上下文的连贯意义,进而译出完美的文章。例如:

He was a little man, barely five feet tall, with a narrow chest and one shoulder higher than the other and he was thin almost to emaciation. He had a crooked nose, but a fine brow and his color was fresh. His eyes, though small, were blue, lively and penetrating. He was natty in his dress. He wore a small blond wig, a black tie, and a shirt with ruffles round the throat and wrists; a coat, breeches and waistcoat of fine cloth, gray silk stockings and shoes with silver buckles. He carried his three-cornered hat under his arm and in his hand a gold-headed cane. He walked everyday, rain or fine, for exactly one hour, but if the weather was threatening, his servant walked behind him with a big umbrella.

他个头短小，长不过五尺，瘦骨伶仃，身板细窄，且一肩高一肩低。他长着一副鹰钩鼻子，眉目还算清秀，气色也还好，一双蓝眼睛不大，却迥然有神。他头戴金色发套，衣着非常整洁：皱边的白衬衣配一条黑色领带，质地讲究的马甲外配笔挺的套装，脚着深色丝袜和带白扣的皮鞋。他腋下夹顶三角帽，手上挂根金头拐杖，天天散步一小时，风雨无阻。当然落雨下雪时自有仆人亦步亦趋，为他撑伞。

译文在准确传达原文含义的基础上也进行了恰当的技术处理，即将"他"的外貌描写和"他"的行为描写分开处理，显得层次清晰，条理分明。

三、语篇语域

语篇语域指的是语篇所使用的场合或领域。不同类型的语篇有着不同的功能，也适用于不同的场合。例如，科技语言应具有专业性和准确性，广告语言应具有号召性和说服力，文学语言应具有美感和艺术性。所以对于语篇的翻译一定要注意语篇的语域，根据语篇语域还原原文的功能与特点，做到形神兼备。例如：

Established in the 1950s, East China Normal University, led by the Ministry of Education and nourished by the rich resources of the modern city of Shanghai, has developed quickly among the institutions of higher teaming. It was listed as one of the sixteen key universities in China as early as 1959. Nearly fifty years of development has shaped it into a prestigious comprehensive university, influential both at home and abroad. Right at the arrival of the new century, we are determined to seize the opportunities, meet the Challenges, unite and work as hard as before, and contribute our fair share to the development of ECNU.

20 世纪 50 年代初，华东师范大学的建立，得益于物华天宝、人杰地灵的国际大都市上海这片沃土的滋养，又得利于国家和教育部对师范教育的关怀与重视，在全国高教院系调整中发展壮大起来，早在 1959 年就已跻身于全国 76 所重点大学之列。经过将近半个世纪的辛勤耕耘，华东师大已经发展成为一所学科比较齐全、师资实力比较雄厚、具有一定办学特色、在国内外具有相当影响的教学科研型大学。在新世纪到来之际，我们一定要抓住机遇，迎接挑战，励精图治，奋发图强，继续发扬艰苦奋斗、团结协作、勇于拼搏、开拓创新的精神，为华东师范大学的振兴与腾飞，贡献出我们所有的智慧与力量。

以上是对大学的介绍，可以看出文体较为正式，语言较为严谨。而译文把握住了原文这样的特点，根据原文的语域进行了相应的翻译，做到了与原文的风格对等。

衔接的作用在于通过使用省略、照应、词汇衔接等手段将语言的各个成分成为一个整体。连贯则是令读者感到语篇不是由一些毫不相关的语句经过拼凑组合而成的一段话，而是一个完整统一的整体。可以说衔接是语篇的外在表现形式，连贯是语篇的内在逻辑联系。而语篇的存在则要求外在形式与内在逻辑的统一。因此，在对语篇进行翻译时，需要在理解原文的基础上，进一步地了解原文作者是如何运用衔接手段实现语篇连贯的，从而确保衔接与连贯的一致性，之后从形式表达和逻辑表达方面实现英汉两种语言的转换。

第五章 文化翻译研究

语言是文化的载体,而翻译是不同语言之间沟通的纽带,因此文化与翻译具有天然的联系。由于中西方国家在文化背景方面存在巨大的差异,翻译必然受到文化的制约与影响。本章文化翻译研究首先探讨文化翻译观,然后分析文化差异对翻译的影响,最后针对中西方文化论述一些具体的文化翻译实践。

第一节 文化翻译观

相关学者从不同的研究角度提出了不同的文化翻译观,下面通过分析文化翻译的倾向和原则两个方面来研究文化翻译观。

一、文化翻译的倾向

文化翻译的倾向不仅影响着译文的质量,而且还对文化的交流和传播起着重要的社会和时代意义。很多学者都认为,在文化翻译的过程中存在两种翻译倾向:一种是以语义为中心、强调语义适应性的异化倾向;一种是以文化为中心、强调文化适应性的归化倾向,如图 5-1 所示。

(一)以语义为中心

以语义为中心的翻译强调文化的字面属性,注重通过字面意思对文化达到原汁原味地传播,也就是主张保留源语的语言表达形式。但在实际翻译过程中,这种翻译不利于译文读者对原文的理解,也很容易造成读者的误解。例如,有人常将"龙的传人"直接译成 descendant of dragon。汉语中"龙"一词语英语中的 dragon 在词意上似乎是对应的,但在文化内涵上却存在巨大差异。在汉语中,"龙"有着"权威、力量、才华、吉祥"等褒扬的语义,具有至尊至上的感情色彩;而在英语中,dragon 却是一种邪恶的动物,所以将"龙的传人"译作 descendant of dragon 显然是不妥的。因此,如果随意进行异化翻译,不仅不能准确传达源语文化内涵,还会给译文读者造成不好的影响。

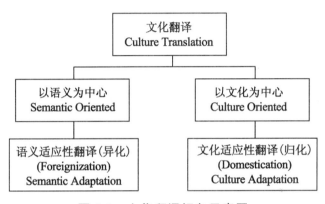

图 5-1　文化翻译倾向示意图

(二)以文化为中心

以文化为中心的翻译强调文化的内涵属性,注重通过字面转换来表现文化内涵,也就是主张突破源语表达形式的束缚,准确有效地传达源语的文化精神。但这一翻译倾向也存在一定的缺点,即因不能进行字面上的对译,很容易使译文读者产生误解。例如,很多人可能会将"她的英语说得真好,就像外国人一样。"这句话按照字面意思译为"She speaks English so well as a foreigner."这样的译文看上去似乎正确,但却与原文意思相悖。实际上,句中的"外国人"指的是以英语为母语的人,所以原句应译为"She speaks English so well as a native speaker."

此外,在文化翻译过程中,准确、恰当的翻译不仅建立在译者对双语文化完全理解的基础上,而且还受到译者主观倾向的影响。译者的主观倾向具体包含以下几个方面。

（1）译者的翻译观。译者的翻译观指的是译者从事翻译活动中的主观倾向，它直接影响着翻译内容的选择、目的的确立、方法的取舍、译文质量等。在文化翻译中，译者首先需要确定的立场是：翻译时是要追求字面上的等值，还是要追求文化精神的内涵。有些译者倾向于直译，有些译者则倾向于意译或释译，还有些译者倾向于套译、转译等。这几种翻译倾向并无对错之分，具体采用哪种方法，最终取决于译者的翻译观。

（2）译者的素养。文化是需要理解和学习的，如果在翻译过程中不能透彻地理解源语文化，那么源语文化精神的传递也就不可能实现。所以，译者语言功底的厚薄和文化素养的高低，对翻译的质量和效果具有直接的重要影响。

（3）译者的生活背景。译者的生活背景直接影响着译者人生观、价值观的形成，进而影响着他们的翻译行为。例如，鸦片战争之后，魏源、严复等著名爱国人士积极主张学习西方先进的科学技术和文化，引进并翻译了《天演论》等西方著名作品，以此来教化国民。

二、文化翻译的原则

翻译不仅是语言的，更是文化的。因为翻译是随着文化之间的交流而产生和发展的，其任务就是把一种民族的文化传播到另一种民族文化中去（白靖宇，2010）。因此，翻译是两种文化之间交流的桥梁。据此，有专家从跨文化的角度把翻译原则归结为"文化再现（culture reappearance）"，这其中包括两个方面的内容。

（一）再现源语文化信息

文化再现，首先指再现源语文化信息。从语言文化的角度来讲，语言是文化的载体。因为语言与文化之间是相互依存的关系，故语言翻译不仅是两种语言的转换，而且也是两种文化信息之间的转换。翻译的过程实质上就是信息传递的过程。因此,译者在翻译的过程中要深刻理解原文中所承载的文化信息,并在译文中完整地再现出来,切忌不能只拘泥于原文的字面意思。❶例如:

It was Friday and soon they'd go out and get drunk.

对于上述句子的翻译,如果按其字面意思则为"星期五到了,他们马上就会出去喝得酩酊大醉",虽然这样翻译是忠实且通顺的,但目的语读者看后肯定会感到不知所以然,为什么星期五到了人们就会出去买醉呢? 很显然这句话中存在着文化信息。其实在英国,Friday 是发薪水的固定日期,所以到了这一天,人们领完工资之后就会出去大喝一场。译者在翻译时不妨将 Friday 具体化,加上其含有的文化信息,把这句话可译作:"星期五发薪日子到了,他们马上就会出去喝得酩酊大醉。"如此一来,使 Friday 一词在特定的语境中所承载的文化信息得以完整的理解和传递。

(二)再现源语文化特色

文化再现,还指再现源语文化特色。这方面是指,译者在文化翻译的过程中,必须忠实地把源语文化再现给译语读者,力求保持源语文化的完整性和统一性,尤其不得随意抹杀或更改源语的民族文化色彩。例如,百合花 lily 在西方人心目中象征着贞洁和高贵,而 paint the lily 这句短语字面意思为"为百合花上色",其内涵意思是指做吃力不讨好的事情。在"While it may seem to be painting the lily, I should like to add somewhat to Mr. Alistair Cooke's excellent article."这句话中,如果只做语义层面的转换翻译,译为"阿利斯太尔·库克先生的作品很好,但我还是要稍加几笔,而这似乎是给百合花上色。"很显然,原句的文化内涵意思没有译出来,并且译文显得意思含糊、不明确。因此,译者需要超越

---

❶　白靖宇.文化与翻译(修订版)[M].北京:中国社会科学出版社,2010:9.

字面的意思而寻求其文化内涵,可译为"阿利斯太尔·库克先生的作品很好,尽管是吃力不讨好的事情,但我还是要稍加几笔。"就可以彰显其原意了。又如:

贾芸对卜世仁说:"巧媳妇做不出没有米的粥,叫我怎么办呢?"

(《红楼梦》第二十四回)

译文 1:Even the cleverest housewife can't cook a meal without rice. What do you expect me to do?

(Yang Xianyi and Gladys Yang 译)

译文 2:… And I don't see what I am supposed to do without any capital. Even the cleverest housewife can't make bread without flour.

(David Hawkes 译)

上述例子中的"巧媳妇做不出没有米的粥"即我们所熟知的俗语"巧妇难为无米之炊",意思是即使聪明能干的人,如果做事缺少必要条件也是难以办成的。译文 1 中,译者保存了原作中"米"的文化概念,再现了源语的民族文化特色,符合作品的社会文化背景。译文 2 中,"没米的粥"译成没有面粉的面包(bread without flour),译者的出发点是考虑到西方人的传统食物是以面包为主,故将"米"转译成"面粉"(flour)有利于西方读者接受和理解,这是无可挑剔的。但译者忽略掉的一点是,这句话出自中国的古典小说,西式面包的出现与整个作品中表达的中国传统文化氛围十分的不协调。在一定程度上可以认为,这样的翻译损害了原作的民族文化特色。因此,译文 1 与译文 2 相比较而言,译文 1 保留并体现了原作中传统的民族文化色彩,可谓是佳译。

综上所述,文化翻译的倾向、文化再现的翻译原则很好地体现了翻译的性质和任务。译者应始终牢记一点,即翻译的实质是交流文化信息,其真正的归宿是通过语际转换再现源语文化的信息内容。

第二节　文化差异对翻译的影响

不同的民族有着不同的历史背景、风俗习惯、风土人情、文化传统，翻译工作者如果不能很好地了解、掌握中西方文化差异，必然会导致文化信息的丢失、误解甚至扭曲。因此，译者需尽可能全面地了解中西方文化差异，要以敏锐的察觉、准确的把握来进行文化信息的传递。一般来说，影响翻译活动的文化差异表现在以下几个方面。

一、社会文化差异对翻译的影响

社会文化内涵丰富，价值观念、风俗习惯、思维方式等都属于社会文化的范畴。由于具有包罗万象的特点，社会文化对翻译带来不容忽视的影响。下面就来具体分析。

（一）价值观念差异对翻译的影响

受各种因素的影响，不同的民族在历史发展过程中形成了不同的价值观念，在对待日常生活中一些事物时也往往具有各不相同的价值判断方式。动物、植物、数字与颜色是中西方国家共有的生活内容，但英汉两种语言的相关词汇却具有不同的联想意义，有的甚至大相径庭，在翻译时必须给予充分考虑。下面以植物为例进行说明。

植物的生长与特定的气候条件密切相关，因此某些植物很可能只在某一地区生长，在其他地方则难觅其踪。有时虽然某些植物在中西方国家都能见到，但其所具有的联想意义却有很多差别。

苹果是中国人常吃的一种大众化水果，并没有什么特殊含义。但是，英语中的 apple 却常常具有积极的意义。例如，the apple of one's eyes 具有"掌上明珠"的含义，the Big Apple 是纽约的别称。此外，英语中还有"An apple a day keeps the doctor away."（一日一苹果，医生远离我）的说法。

中国有着非常悠久的种植莲花的历史，并赋予莲花很多优美的文化内涵。具体来说，莲花是高雅、自然、纯洁、正直的象征，人们常用"出淤泥而不染，濯清涟而不妖"来赞美莲花的高贵品质。此外，莲花还可用来形容爱情，如"花开并蒂"常适用于感情深厚的夫妻。与汉语中莲花的积极意义不同，英语中的 lotus 大都与懒散有关，如 lotus land 表示"安乐之乡"，lotus eater 则表示"过着懒散舒服生活的人"。可见莲（lotus）在英汉两种语言中的文化内涵大相径庭。

中国是梅花的原产地，汉语中的梅因其不畏严寒而被赋予了顽强不屈的性格特征。中国有大量赞颂梅花的诗词，其中人们最熟悉的是陆游所作的《卜算子·咏梅》，全文如下：

> 驿外断桥边，寂寞开无主。
>
> 已是黄昏独自愁，更著风和雨。
>
> 无意苦争春，一任群芳妒。
>
> 零落成泥碾作尘，只有香如故。

陆游借梅花表达了自己坚贞不屈的意志。可见，中国人对梅花怀有深厚的民族情感。但是，英语中的 plum 只是一种普通的植物，并没有什么特殊含义。

由于英汉语言中的植物词汇存在较大的文化差异，在翻译的过程中就应对植物词汇的形象与内涵进行灵活处理，从而达到形义兼顾、表意传神的翻译效果。

（二）风俗习惯差异对翻译的影响

世界各民族的风俗习惯错综复杂，这就要求译者在进行翻译时不能望文生义或生拉硬拽，而必须准确把握其内在涵义并综合考虑源语与目的语的表达方式，以易于读者接受的方式将原文含义传递出来。

1.问候方式差异对翻译的影响

问候是一种基本的社交习俗。概括来说,中西方的问候方式包括关心式问候、交谈式问候、称谓式问候、称赞式问候、祝愿式问候等五个类别,但在具体的表达方式上却具有较为明显的不同。

(1)关心式问候。关心式问候是指通过问候来表达对对方的关心,如英语中的"How are you doing?""How is your family?"和汉语中"你吃了吗?""你到哪儿去?"值得一提的是,汉语中的这种问候形式虽是问句,却并不要求回答。换句话说,这种问句只是一种表达问候的方式。因此,将这种问候语译成英语时不能直译,否则会被英美人士错误地理解为在打探他们的隐私。

(2)交谈式问候。英语国家的人常通过谈论天气来进行问候,如"Lovely weather, isn't it?"而中国人常通过正在进行的事情来进行问候,如"上班去?""打球呢?"等。此外,中国人为了表示对对方的关心,有时还会谈及工资、年龄、婚姻等话题。需要注意的是,这类话题会让西方人产生戒备心理,在翻译时应灵活处理。

(3)称谓式问候。所谓称谓式问候,是指以称呼对方的方式来进行问候。具体来说,中国人常使用"姓氏＋通称"的方式,如孙大夫、李经理、赵局长、王奶奶、小林、老周等。相比较而言,英语中也使用这种方式,如"Hello! Miss Black!"或"Hi! John!"等,但不如汉语中数量多。

(4)称赞式问候。人们常通过称赞对方来进行问候。在中国,非常熟悉的亲友之间,尤其当双方都是女性时常使用这种问候方式。例如,交际双方长久未见,再次见面时常说"还是那么年轻!""气色真不错!""身材变好了!"等。西方人也使用称赞式问候,但其问候内容并不像汉语中那样具体。值得注意的是,汉语中说对方没有变化是一种赞美,但由于西方人常追求更高的目标,因此这种方式会被认为是一种负面评价,在翻译时应将其真实含义传递出来。

(5)祝愿式问候。祝愿式问候用于表达美好的祝愿,在英汉两种语言中都大量存在,如英语中的"Good evening!"和汉语中的"您好!"等,这种问候方式在中西方国家的含义基本相同。

2.告别习俗差异对翻译的影响

中西方国家的告别习俗存在明显的差异,具体体现在以下方面。

(1)西方人在告别时常对双方接触的过程进行评价,如"I'm very happy to talk with you."相比较而言,中国人常表达相互关切之情,但是也有例外情况。例如,在向他人求教后中国人也常说"真是听君一席话,胜读十年书啊"等来评价双方的接触。

(2)西方人结束交谈时常以客观原因(如时间安排、交通、天气等)为理由,以此来表示离开并非出于个人意愿。中国人则常出于对对方的关心来结束交谈,如"您该休息了,我就不打扰了!""您挺忙的,我先告辞了!"等。

(3)西方人常使用祝福语进行告别。例如,使用频率最高的Good-bye的意思就是"愿上帝与你同在"(God be with you.)。中国人则常通过表示关心来告别,如主人常对客人说"您慢走!",客人则不断对主人说"请留步!"

(三)思维方式差异对翻译的影响

中国人与英美人在思维方式上也存在较大的区别。具体来说,中国人以具象思维为主,因此对事物的描述往往详细而具体;英美人以抽象思维为主,在表达方式上较为笼统、概括。因此,英汉互译过程中应进行灵活处理,不能直译、硬译、死译,而应在抽象与具体之间进行合理的转换,从而有效避免晦涩难懂,并使译文符合译语的表达习惯。例如:

Is this emigration of intelligence to become an issue as absorbing as the immigration of strong muscle?

　　知识分子移居国外会不会和体力劳动者迁居国外同样构成问题？

　　本例中，intelligence 的原义为"智力、理解力"，muscle 的原义为"肌肉、体力"。若按照其字面意思直译过来，汉语读者就会不知所云。因此，译者对这两个抽象名词进行了具体化处理，将其分别译为"脑力劳动者"与"体力劳动者"，不仅传达了原文的真实含义，也使译文易于理解。

（四）习语表达差异对翻译的影响

　　习语，顾名思义，就是习惯使用而形成的固定语言形式，是指人们通过对社会现象和生活经验的总结而形成的，经久流传下来的固定表达形式。❶ 习语种类繁多，不仅包括成语，还包括谚语、俗语、俚语、固定的粗俗语以及歇后语等。张培基先生（1979）曾对习语的功用进行过这样的描述："为了说明一件事或比喻一种形象，往往要用一大堆词汇来做抽象的说明或描绘，但如果恰如其分地用上一两句习语，就能深入浅出，画龙点睛，寥寥数字就把意义神情传达无余，使人听了感觉透辟精当，并且得到更深刻的印象。"可见，习语结构严谨、言简意赅、寓意深刻、生动活泼，大多蕴含鲜明突出的形象和丰富多彩的隐喻，能使语言诙谐幽默、妙趣横生、言之有理、论之有据，大大增加了语言的表现力。另外，习语承载着厚重的民族传统与文化内涵，是各民族成员在长期的语言运用过程中高度提炼而成的表达法。因此，习语是语言的重要组成部分，学习一国的语言必然要学习一国的习语。

　　习语是一个民族文化的积淀和民族人民智慧的结晶，有着明显的民族性，因此英汉两种语言中的习语也存在着很多形似而意悖的现象，所要表达的意思与其字面意思往往没有直接的关系。因此，在翻译的过程中一定要对上下文有一个透彻的理解，透过表层意思，理解其深层含义。例如：

---

❶　李建军.新编英汉翻译［M］.上海：东华大学出版社，2004：104.

He is the man who always wears two hats.

按照字面意思，wears two hats 可译为"戴两顶帽子"，但这样的翻译会使读者费解。其实，这一习语是"一心二用"的意思，如果了解了这一含义，上述句子翻译起来也就很容易了。

在中西两种语言里，有的习语在表面形象或意思上显示出或多或少的相似之处，而隐含意义（包括褒贬意义）却相去甚远。正是这些表面上的形近意近给人造成一种"似是而非""貌合神离"的假象，经常为习语翻译设下陷阱。例如，人们容易将汉语中的"食言"和英语中的 eat one's words 对应起来，因为它们在表面形象和语义上太接近了。可是汉语"食言"是说一个人"说话不算数，不守信，不履行诺言"，而英语 eat one's words 的意思是"收回说过的话，承认前言有失，说错了"，而且还带有一定的感情色彩，是"羞惭地、不光彩地"认错。从这个例子可知中西习语具有"貌合神离"的情况。

（1）成语中的"貌合神离"。例如：

to give somebody rope to hang himself≠给某人绳子让他上吊

前者是非常地道的英语，表示"自作自受"。例如，"Let's give him enough rope to hang himself this time."（甭管他，让他自作自受吧）。这个英语成语与汉语中的"绳子""自杀"毫无关系。

to get a kick out of something≠被踢出去

前者是英语成语，多用于口语，指"欣赏……"或"从……中得到极大愉快"，如"I got a kick out of watching those kids perform, their play made me realize how strange and funny we grow-ups must seem to them."（我非常欣赏孩子们的表演，他们演的戏使我意识到，在他们看来我们这些成人多么古怪和可笑）。这个成语与"踢"这一动作无任何联系。

to blow one's own horn(or trumpet)≠各吹各的号

前者是个成语，表示"自吹自擂"，一般用来形容某人炫耀自己的成就、技能、智力等。很像汉语中的"老王卖瓜，自卖自夸。"

例如，"If he's so successful, why does he have to keep blowing his own trumpet?"（既然他干得很出色，干吗要整天自我吹嘘呢？）汉语中的"各吹各的号，各唱各的调"则表示两个或几个人各干各的事或各自坚持自己的看法，不能协调一致，与英语中的 each doing his own thing 相近。

to laugh off one's head≠笑掉大牙

前者指 to laugh in an extreme way, or beyond reasonable limits，而汉语"笑掉大牙"却是"看笑话"的意思。

令人发指≠to make one's hair stand on end

前者用于看到或听到某种暴行等而十分"气愤"的场合，后者用于看到或听到某种可怕的事物而非常"害怕"的场合，相当于"令人毛骨悚然"。例如，"What he saw made his hair stand on end—he thought it was a ghost."（他所看到的令他毛骨悚然，他以为是个鬼）。英语中有 to bristle with anger，表示"气得毛发竖起来"，但多用于动物，不用于人，除非用作比喻。例如，"His hair bristled on his scalp with anger."（他气得头发都竖起来了）。

to throw a sprat to catch a whale≠抛砖引玉

英语习语意即 to give something of relatively small importance etc... in the hope of securing a much greater gain，相当于汉习语"用小虾钓大鱼""吃小亏，占大便宜"，它带有嘲讽的口吻，而"抛砖引玉"多用作谦辞，含有谦虚的口吻，"比喻自己先发表粗浅文字，不成熟的意见，以引出别人的佳作或高见"，绝无贪人便宜之嫌。

（2）谚语中的"貌合神离"。例如：

"It takes two to make a quarrel."很像汉语的"一个巴掌拍不响。"二者有相同之处：表示双方都有缺点。但汉语谚语中还有另外一层意思：一件有意义的事情不能靠一个人去完成。

"A miss is as good as a mile."很像汉语的"差之毫厘，失之千里。"但是汉语谚语另有一种寓意：小错误不及时纠正，最后会出大错，闯大祸，告诫人们要防微杜渐。英语谚语只说明一个事实、一种态度、一种看法：没有打中就是没有打中，小失误也是失误，差一毫米和差一公里是一样的。《中西大词典》译为："错误再小，总归是错误；死里逃生总是生。"

"Gilding the lily."似乎与"锦上添花"的意思相近，其实相差甚远。此处英语谚语的意思倒近似"画蛇添足"，指对很完美的东西作不恰当而且过分的修饰，表示不赞成这种弄巧成拙的做法，而"锦上添花"是比喻好上加好。

"Life begins at forty."可与两句汉语谚语相比。一句是"人到四十五，正如出山虎。"二者寓意相近但年龄相差五岁。第二句是"潮怕二十，人怕四十。"，意思是潮水一过阴历二十就要落下去，而人一到四十岁就走下坡路，年龄相同，观点相反。

"Agues come on horseback, but go away on foot."与汉谚"病来如山倒，病去如抽丝"形相似，但前者指 misfortune，后者指"疾病"，如"It's taking the country months to recover from the sudden collapse of oil prices last year. Agues come on horseback but go away on foot."

"Lock the stable door after the horse has been stolen."与汉语习语"亡羊补牢"的意思似乎相近。汉语中的"亡羊补牢"比喻受到损失后想办法去补救，免得以后再受损失，所以容易使人联想到"亡羊补牢未为晚也"的典故，强调的是"未迟"！这像英语中的另一习语："It's never too late to mend."，而本段首英语习语的言外之意却是"迟"也！

"A dog will not howl if you beat him with a bone."被认为相当于"肉包子打狗。"两者都说"狗"，a bone 和"肉包子"也都是狗所喜欢的，连动词都一致，岂不正好对上？但是英谚强调前半句，狗的态度（即"有好处就会忍受恶劣对待"），而汉谚强调没有说出来的歇后语"一去不回"。

中西习语中"貌合神离"的现象较为普遍，这是因为习语是文化的产物，文化的多样性限制了习语的可译性。要做到合适得体地使用中西习语，就必须把握语言的实质，切莫望文生义。

二、物质文化差异对翻译的影响

物质文化涉及与人们日常生活相关的吃、穿、住、用、行等各个方面。中西方国家在物质文化方面的巨大差异为翻译带来不小的障碍，下面就从饮食文化、服饰文化、酒文化等方面来深入分析。

（一）饮食文化差异对翻译的影响

从饮食习惯的角度来看，中西方国家存在明显差异。具体来说，中国人以米饭、面食等为主食，而西方人常以面包、蛋糕等为主食。在西方国家，蛋糕是生活中极为平常的东西，人们也经常自己制作蛋糕，因此常用 a piece of cake 来表示"简单的事情"。但是对中国人来说，不仅蛋糕很少见，自己制作更是有很大的困难，因此不能将 a piece of cake 按其字面意义翻译为"蛋糕一块儿"，而应遵照汉语表达习惯将其译为"小菜一碟儿"更为妥当。

中国是饮食大国，很多菜肴的制作在主料、配料、调料、流程、火候等方面都有特殊要求，有的菜肴在命名时还采用了浪漫的手法或与某个历史典故相联系，这就要示译者在进行中国菜肴翻译时应准确把握其文化内涵。例如，下面这些菜肴的名称将写实与写意有机结合在一起，具有强烈的艺术美感，在翻译时可综合采取直译法、意译法、转译法、拼音加注法、倒译法等，以生动展示其内在含义。

（1）直译法。有些中国菜名按照字面意思翻译就能使外国人明白其基本含义，因此常采用直译法进行翻译。例如：

鸡汤 chicken soup

蛋花 egg floss

素鸡 vegetarians chicken

板鸭 flat duck

白面包 white bread

萝卜球 turnip rolls

虾仁胞蛋 shrimps and eggs

彩虹虾片 rainbow prawns

金钱蛋卷 golden coin egg rolls

脆皮鱼 crisp fish

叫花子鸡 beg gars' chicken

盐水兔 salted rabbit

甜酸肉 sweet and sour pork

小春卷 tiny spring rolls

（2）意译法。有些中国菜的名称很难从字面上表明其真正含义，这时就需要采用意译的方法进行翻译。例如：

发财好市 black moss cooked with oysters

金华玉树鸡 sliced chicken and ham with greens

（3）转译法。中国很多菜名为了体现深厚的文化内涵往往会采用谐音的方法，在翻译这类菜名时首先要找到谐音的内容，然后转译法进行翻译。例如：

凤凰玉米羹 corn and egg porridge

甜芙蓉燕窝 sweet birds nest soup with egg white

凤凰牛肉羹 egg and beef soup

龙虎凤大烩 thick soup of snake,cat and chicken

（4）拼音加注法。拼音加注法是指采用汉语拼音和英语解释相结合的翻译方法将中国菜的风格与味道表达出来。例如：

山东烧笋鸡 Shandong roast spring chicken

盐卤信丰鸡 salt-baked Xinfeng chicken

东坡肉 Dongpo pork

南京板鸭 Steamed Nanjing duck cutlets

湖南羊皮 Hunan lamb

鱼香八块鸡 chicken in eight pieces,Sichuan style

潮州鱼丸 fish balls,Chaozhou style

合川肉片 stewed pork slices,Hechuang style

京酱肉丝 shredded pork with Beijing sauce

岭南酥鸭 crispy duck, Lingnan style

北京烤鸭 Beijing roast duck

广式龙虾 lobster, Guangdong style

罗汉大虾 Lohan giant prawns

广东炒牛肉 stir-fried beef shreds, Guangdong style

怪味牛百叶 ox tripe, Sichuan style

苏州豆腐汤 bean curd soup, Suzhou style

四川鸡丝 Sichuan style shredded chicken

狗不理包子 the Goubule steamed stuffed bun

(5)倒译法。倒译法是指翻译时按照英语的结构特点将汉语的词序完全倒置的方法。例如：

卷筒兔 rabbit rolls

汤面 noodles in soup

咖喱鸡 chicken curry

芙蓉海参 sea cucumbers with egg white

白汁鱼唇 fish lips in white sauce

八宝酿鸭 duck stuffed with eight delicacies

醋椒三鲜 three vegetables in hot and sour sauce

凤尾鱼翅 shark's fin in the shape of phoenix tail

除了上述翻译方法，还可以根据烹饪方法进行翻译。例如：

酿蘑菇 stuffed mushrooms

肉丝拌面 noodles with shredded pork

红烧鲤鱼 braised masked carp

焖牛肉 braised beef

冻腌牛舌 cold corned ox tongue

熏猪排 smoked pork chops

烧乳猪 roast sucking pig

烩羊肉片 fried mutton slice

铁烧牛肉 grilled beef steak

白灼海螺片 blanched sliced conch

(二)服饰文化差异对翻译的影响

人类进入文明时代后,服饰文化应运而生,并随着社会的发展而摆脱了遮羞的原始功能,具有了丰富的内涵。具体来说,西方国家的服装常以亚麻为原料,色彩丰富、款式夸张,以展示人体美与个性美为第一要义。相比较而言,中国的服装原料较为丰富,包括棉、麻、丝等多种材料。与西方张扬个性的服饰不同,中国的服装具有明显的等级区分功能,在颜色、款式、面料等方面都体现出穿着者的身份特点。因此,在进行服饰文化的翻译时,经常会遇到词汇空缺的情况,给译者带来不小的挑战。例如:

那男孩子的母亲已有三十开外,穿件半旧的黑纱旗袍,满面劳碌困倦,加上天生的倒挂眉毛,愈觉愁苦可怜。

(钱钟书《围城》)

The toddler's mother, already in her thirties, was wearing an old black chiffon Chinese dress; a face marked by toil and weariness, her slanting downward eyebrows made her look even mole miserable.

(珍妮·凯利、茅国权 译)

上例中"旗袍"被翻译为 Chinese dress,即采用的意译的翻译方法。意译的手法便于读者对其的了解,如果进行直译会影响读者了解的程度。

(三)酒文化差异对翻译的影响

中西方国家的人们都在生产生活实践中发现了发酵这一自然现象,并掌握了对其进行人工控制的技术,从而使酿酒工艺得以发展。但是,由于自然气候条件的不同,中西方的酒文化也存在很多不同。

具体来说,西方国家大都土地贫瘠,农作物长势欠佳,但对具有超强耐旱能力的葡萄的生长非常有利。因此,葡萄就成为西方酿酒的主要原料。而中华大地土壤肥沃,气候温和,非常适合小麦、高粱等粮食作物的生长。于是,人们便用多余的粮食来酿酒,小麦、高粱、粟、稻谷等成为主要的酿酒原料。另外,中西方国家的饮酒礼仪也有明显差异。西方人比较注重酒的口感,常根据味觉变化规律来安排饮酒的次序。为了让身体感官充分享受酒的美味,他们对酒具的选择也比较讲究,常使用利于香气汇聚杯口的郁金香形高脚杯。与此不同,中国人的饮酒礼仪生动体现了长幼尊卑的观念。例如,下级对上级、晚辈对长辈要主动敬酒,不仅要说敬酒词而且还要先干为敬;主人为客人敬酒时,应从最尊贵的客人开始。为了助兴,主人还会进行划拳、行酒令等活动。可见,中西方的酒文化具有不同的文化内涵,译者应对多种翻译技巧进行综合运用,以准确传递酒文化的深刻含义。例如:

老太太道:"你来了,不是要行令吗?"鸳鸯道:"听见宝二爷说老太太叫,我敢不来吗? 不知老太太要行什么令儿?"贾母道:"那文的怪闷的慌,武的又不好,你倒是想个新鲜玩意儿才好。"鸳鸯想了想道:"如今姨太太有了年纪,不肯费心,倒不如拿出令盆骰子来,大家掷个曲牌名儿赌输赢酒罢。"贾母道:"这也使得。"便命人取骰盆放在桌上。鸳鸯说:"如今用四个骰子掷去,掷不出名儿来的罚一杯,掷出名儿来,每人喝酒的杯数儿掷出来再定。"众人听了道:"这是容易的,我们都随着。"

(曹雪芹《红楼梦》第一百零八回)

"So here you are, eh?" said the Lady Dowager. "We want to play drinking games."

"I came because Master Bao told me you wanted me, madam. What game would you like to play?"

"Those literary games are terribly dull, but rowdy ones are no good either. You must think of something fresh."

After a moment's reflection Yuanyang said, "Aunt Xue at her age doesn't like to cudgel her brains, so why don't we fetch the dice-pot and toss for the names of melodies, making the losers drink?"

"Very well." The old lady sent for the dice-pot and had it put on the table.

"We'll throw four dice," Yuanyang announced, "Anyone who fails to produce a name must drink one cup as forfeit. If a name is thrown, the others will have to drink according to the pips."

"That sounds simple," said the rest. "We'll do as you say."

（杨宪益、戴乃迭　译）

本例对席间如何选择酒令游戏、游戏的规则等都进行了具体的介绍。由于这些内容都是汉语文化中特有的,译者在翻译的同时还进行了必要的解释,这就大大降低了译语读者的理解难度。

三、生态文化差异对翻译的影响

"生态文化包括一个民族所处地域、自然条件和地理环境所形成的文化,表现在不同民族对同一种现象或事物采用不同的言语形式来表达。"❶由于生态环境不同,对于同一种自然现象,不同的民族会有不同的理解,由此也就产生了翻译过程中的文化差异。例如,汉语中"东风"使人想到温暖和煦,草长莺飞,而西风正好相反,凛烈的西风有一种砭人肌骨的味道,使人联想到寒冷、荒凉、路上少有行人。而英语中 east wind 却是与严冬联系在一起,而 west wind 与温暖和煦,万鸟争鸣相连。这些文化差异是由于中国和英国的生态环境不同所引起的,中国东临大海,西部是内陆高原,东风吹拂,春暖花开,而西伯利亚的西北风则鞭打着严冬长驱直入;但英国是岛国,东风来自欧洲大陆北部,故而寒冷,西风则由大西洋徐徐吹来,温暖怡人。所以东风、西风带给中国人和西方人的感受和联想是不同的。

---

❶ 刘玲.中西文化差异对翻译的影响[J].福建政法管理干部学院学报,2007,(2):111.

同样,夏天(Summer)在中国人心目中常常与盛夏、酷暑相提并论,而在英国人眼里,夏天则是明媚温和,气候宜人的。原因很明显,因为中国位于亚洲大陆,属大陆性气候,四季分明,夏日骄阳似火;而英国位于北温带,属海洋气候,夏天则令人感到温暖惬意,这些都有可能在翻译过程中成为文化差异方面的阻碍因素,决不可掉以轻心。

此外,中国自古以来就有"南尊北卑"的传统,因此在表达方位时常将"南"置于"北"的前面,如"南来北往""南辕北辙""南腔北调""南征北战"等。但是,英语中的 south,north 等词仅用来表示方位,并没有更深的含义,因此汉语中的"从南到北"在汉译英时应该翻译为 from north to south。

第三节　文化翻译实践

文化包罗万象,其翻译涉及社会生活中的方方面面,限于篇幅,下面仅选择几种典型的文化翻译实践进行具体探讨。

一、宗教文化翻译实践

宗教文化是人类思想文化的一个重要组成部分。宗教具有民族性的特征,宗教是由各民族的宗教信仰、意识等所形成的。不同宗教是不同文化的表现形式,反映出不同的文化特色。在西方,基督教是各国普遍存在的宗教形式,对西方的文化有着极大的影响。在中国,有三大宗教是大家公认的,即儒教、佛教、道教,这三大宗教在中国文化中也十分重要。中西方不同的宗教文化在各自语言中也有不同的词汇及其表现形式。为了尽量发挥译语的优势,重现源语的信息,译者在翻译宗教文化时可以根据需要采取不同的翻译方法。下面介绍几种主要的宗教文化翻译方法。

(1)直译法。有人认为,为了保留原文中浓厚的宗教文化色彩,宗教文化的翻译只能采用直译的方法。例如,我国著名的翻译家杨宪益在翻译"谋事在人,成事在天"这句话时就采用了直译的方法,将此句译为"Man proposes, Heaven disposes."可见,他将"天"直译为 Heaven,就是因为 heaven 在中华文化中指"苍天",是泛指客观的环境,这时直译的方法有助于再现原作的文化特色,保存了原作的道教概念,有助于丰富读者对异国文化的了解。

(2)意译法。宗教信仰蕴涵着丰富的宗教文化,因此中国人对其理解和翻译是比较困难的,西方人也难以理解中国的宗教文化,所以在翻译宗教文化时使用意译法有助于读者理解。例如:

John can be relied on. He eats no fish and plays the game.

此例如果按中文理解进行直译是"约翰是可靠的,他不吃鱼还玩游戏。",很显然这个翻译令人摸不着头脑。这是因为中国人对这句话中的相关渊源不清楚。英国历史上宗教斗争异常激烈,旧教规定在斋日教徒可以吃鱼,新教推翻旧教,新教教徒拒绝吃鱼表示忠于新教。因此,eat no fish 意为"忠诚",play the game 意为"守规矩"。所以上述例句可翻译为"约翰是可靠的,他既忠诚又守规矩。"

(3)套译法。有人认为,宗教文化翻译可采用转化的翻译方法,即套用目的语中的现成的成语或俗语来翻译源语中的宗教文化。例如:

一个和尚挑水吃,两个和尚抬水吃,三个和尚没水吃。

在翻译这句中国谚语时,可以使用英语中的"One boy is a boy; two boys are half a boy; three boys are no boy."来套译。

(4)音译加注解。当在译语中没有词语与源语的宗教文化相对应时,可以采用音译的方法进行翻译。而为了将源语意义尽可能地在译语中再现,帮助译语读者获取源语的文化信息,可以在采用音译的同时加上注释性文字。例如:

尼姑待他们走后,定了神来检点,龙牌固然已经碎在地上了,而且又不见了观音娘娘座前的一个宣德炉。

《阿 Q 正传》

The nun, pulling herself together after they had been smashed into fragments on the ground and the valuable Xuan De censer before the shrine of Guanyin, the goddess of mercy, had also disappeared.

（杨宪益、戴乃迭 译）

此例中的"观音"是佛教中的一位女神，也是大慈大悲的化身，但是在西方民族的语言中无法找到与"观音"意义相符的神。为了保留原文中"观音"这个具有中国文化特色的佛教词汇，译者采取了音译加注解的方式对"观音"进行翻译，这样不仅保留了"观音"一词的音韵特色，而且译出了该词的内在意义，并且可以扩展译语读者对中国文化的认知。

二、典故文化翻译实践

由于典故翻译的特殊困难，中外古今学者对其翻译方法尚无定论，而仅仅是从他们自己的研究角度提供了一些有用的翻译方法。下面就介绍三种得到普遍认同的典故文化翻译方法。

（1）直译法。在翻译典故时采取直译法，即在保留原文人物、事件等原有形象的基础上直接按照字面意思进行翻译。例如：

the Trojan horse 特洛伊木马

a barking dog never bites 吠犬不咬人

a cat has nine lives 猫有九命

a rolling stone gathers no moss 滚石不生苔

They were only crying crocodile tears at the old man's funeral because nobody had really liked him.

在老头子的葬礼上，他们只不过挤了几滴鳄鱼的眼泪，因为在他生前，没人真正喜欢他。

（2）意译法。英汉语言中，有许多差别仅在于形象和风格上的典故，它们的意义大致相等，所以翻译时需采用意译法，即略加改造即可达意，同时还可以避免改变原文典故的结构和习惯。

例如：

  like a fish out of water 很不自在

  to be cat's paws 上当,被人利用

  to be born with a silver spoon in one's mouth 生在富贵家

  (3)套译法。由于英汉两种语言的差异和不同的民族文化背景,有些典故在翻译时需要转换为译语读者所熟悉的形象。这些典故在内容上和形式上都相符合,即对某一具体问题的思维方式和结果以及具体的表达形式有不谋而合的情况,两者不但有相同的隐义,而且还有大体相同的形象和比喻,故可以使用套译法。使用套译法,不仅可以忠实于原义、原有形象及风格,还符合译入语的结构和习惯。例如：

no smoke without fire 无火不起烟(无风不起浪)

to kill two birds with one stone 一箭双雕

Walls have ears.

隔墙有耳。

One swallow does not make a summer.

一燕不成夏。

The pot calls the kettle black.

五十步笑百步。

三、节日文化翻译实践

  英汉节日文化在翻译过程中需要采取一定的方法和策略,大致而言,西方节日文化一般采用直译或意译的方式进行翻译,而中国节日的翻译方法则更丰富一些,下面进行详细了解。

  (1)西方节日文化翻译。西方传统节日通常采用直译或意译的方式进行翻译。例如：

Easter 复活节

New Year's Eve 新年前夕

New Year's Day 新年(1月1日)

Epiphany 主显节(1 月 6 日)

Assumption 圣母升天节(8 月 15 日)

Corpus Christi 圣体节

Palm Sunday 棕枝全日(复活节前的星期日)

Rogation Days 祈祷节(耶稣升天节的前三天)

Feast of the Sacred Heart 圣心节

Midsummer Day 施洗约翰节(6 月 24 日)

All Saints' Day 万圣节

Maundy Thursday 濯足星期四(耶稣受难节)

Shrove Tuesday 忏悔节(四旬斋开始的前一天)

Lent 四旬斋(复活节前的第四十个星期日)

All Souls' Day(11 月 2 日)万灵节(如遇星期日则顺延一天)

Ash Wednesday 圣灰节(复活节前的第七个星期三)

Holy Week 圣周(复活节前一周)

Whitsuntide 圣神降临周(复活节后的第七周,尤指前三天)

Ascension Day 耶稣升天节(复活节后第四十日)

Christmas Eve 圣诞前夕

Christmas 圣诞节(12 月 25 日)

Visitation 圣母往见节(7 月 2 日)

St. Valentine's Day 情人节(2 月 14 日)

Fool's Day 愚人节(4 月 1 日)

Halloween Day 鬼节(万圣节除夕,10 月 31 日夜)

Thanksgiving Day 感恩节(11 月最后一个星期四)

(2)中国节日文化翻译。由于中国的节日具有独特的渊源和特点,所以在翻译中国节日时不能采用千篇一律的方法,更不能随意翻译,通常而言可以采用直译法,或按照农历、习俗等进行翻译。

首先,直译法。采用直译法进行翻译能够确保译文保持原文的特点,同时还能使读者接受原文的文学风格。中国传统节日在翻译时通常采取直译法进行翻译。例如:

元宵节 the Lantern Festival（农历正月十五）

清明节 the Qing Ming Festival（阳历 4 月 5 号）

端午节 the Dragon-Boat Festival（农历五月初五）

中秋节 the Mid Autumn Festival（农历八月十五）

重阳节 the Double Ninth Festival（农历九月初九）

元旦 New Year's Day Jan. 1（阳历 1 月 1 号）

妇女节 International Working Women's Day（阳历 3 月 8 号）

劳动节 International Labor Day（阳历 5 月 1 号）

儿童节 International Children's Day（阳历 6 月 1 号）

中国共产党诞生纪念日 Anniversary of the Founding of the Chinese Communist Party（阳历 7 月 1 号）

教师节 Teachers' Day（阳历 9 月 10 号）

国庆节 National Day（阳历 10 月 1 号）

其次,按照农历翻译。中国是个农业文明古国,因此产生的大部分节日都与农历有关。例如,重阳节是农历的九月初九,据说在这一天插茱萸可以让自己身体健康,驱赶瘟魔。再如,七夕节是农历的七月初七,相传是为了纪念牛郎和织女的爱情故事。按照农历进行翻译,重阳节和七夕节可以分别翻译为 the Double Ninth Festival 和 the Double Seventh Festival。

最后,按照习俗翻译。所谓按照习俗翻译指的是以人们庆祝节日的方式和内容为根据进行翻译。在中国,不同的节日有不同的庆祝方式,每一个节日的庆祝方式都各具特色。例如,中国的端午节是为了纪念伟大的爱国诗人屈原,所以中国人在端午节这天都要吃粽子并举行龙舟比赛。根据人们庆祝端午节的方式,通常将端午节翻译为 The Dragon-Boat Festival。

四、习语文化翻译实践

习语一般都具有民族性、简洁性、比喻性、整体性等特点,也就是说,习语所蕴涵的文化内涵往往高于其他普通词汇、短语、句子,而且习语往往言简意赅、形象生动,其语义也通常不能简单地按照其字面意义来理解。因此,我们在翻译习语时要格外注意在熟悉英汉两种语言文化的基础上正确理解习语的整体意义,然后再选择恰当的方法进行翻译。

(1)直译法。所谓直译法,就是在不违背译文语言规范以及不引起错误联想的前提下,在译文中保留习语的比喻、形象和民族、地方色彩的方法。用直译法翻译习语,可以把习语移植到目的语中来,丰富译文语言,拓展译入语读者的文化知识。

首先,当译语中有与源语习语形、义对应的习语时,我们一般可以采用直译法翻译习语。例如:

an ivory tower 象牙塔

as cold as ice 冰冷

Distance water cannot put out a near fire.

远水救不了近火。

其次,为了再现源语习语所体现的文化习俗或特色,有时候即使在译语文化中原本并无形式相应的习语,我们仍然可以采用直译法来翻译习语,从而创造出一些带有"异域风情"的习语。例如,对于英语习语 be armed to teeth,尽管汉语中固有的习语"全副武装"意义与之相当,但是现在我们一般将其直译为"武装到牙齿",并且这种译法已经得到人们的普遍认同,甚至很多人还误以为这就是中国固有的习语。再如:

cry wolf 狼来了

Noah's Ark 诺亚方舟

丢脸 lose face

纸老虎 paper tiger

以上这些习语都是通过直译的方法将源语语言文化特色融入到了译语文化中,并通过为译语读者所广为接受的习语形式体现出来。

(2)直译加注法。有时,一些句子直译和意译都不是理想的手段。在这种情况下,最常用、最安全、最省事的办法就是先直译

再加注解。无论多复杂的语言现象,总是能够讲清楚其中奥妙的。例如:

cry crocodile tears 鳄鱼的眼泪

注:比喻假慈悲。

to be armed to the teeth 武装到牙齿

注:该典故出自从前南美的北海岸的海盗,他们除了两手都持有武器外,在牙齿间还要咬一把刀。

他是老九的弟弟——老十(实)。

He's the younger brother of number 9, number 10.

注:"Number 10—老十(laoshi)" in Chinese is homophonic with another Chinese word "老实(laoshi)" which means honest.

(3)改造法。所谓改造法,是指把目标语言中现成的习语加以改造并用来翻译原文的方法。例如:

Anger is only one letter short of danger.

将这句话译为"生气离危险只有一步之遥"没有任何错误,但却无法体现原句作为文字游戏的乐趣。因此,应对它进行一些改造,既要保留文字游戏的风格,又要保留原文的含义,如改为汉语习语的"忍字头上一把刀"就能产生异曲同工之妙。

(4)意译法。有些习语由于文化因素的影响,使用直译无法准确传达原习语意义,而译语中又找不到合适的习语来套用翻译,在翻译时无法保留源语的字面意义和形象意义,此时可以舍弃原习语中的文化因子,将原文的形象更换成另一个译文读者所熟悉的形象,保留其意义来翻译,从而传达出原文的语用目的,译出隐含意义。例如:

It rained cats and dogs.

下着倾盘大雨。

rained cats and dogs 如果直译成"下着猫和狗",汉语读者恐怕很难明白其意义,同时也没有结构相似的汉语习语来套译,所以适合用意译法传达其义而舍弃原习语的语言形象。

(5)套译法。当译语中存在语义与源语习语相当,但其中设喻形象等外在形式不同的习语时,可以套用该译语习语进行翻译,这就是套译法,也被称为归化译法。这种翻译方法具有能带给译语读者文化认同感,使所译习语易于理解的优点。例如:

While there is life, there is hope.

留得青山在,不怕没柴烧。

Roman is not built in one day.

冰冻三尺,非一日之寒。

A fox may grow gray but never good.

江山易改,本性难移。

五、动物文化翻译实践

在漫长的人类历史中,动物与人类的关系十分密切,可以说它们已经成为人类生活不可缺少的一部分。既然动物在人类社会生活中占有如此重要的地位,那么,有关动物的词汇也必然存在于世界各民族的语言中。而人们对于这些动物的情感态度也自然会反映在各自语言的词汇系统中。大部分动物在英汉语言中都能找到对应词汇,但其中蕴含的文化信息却不尽相同。了解英汉动物词汇的文化差异能够使我们避免因文化误解而产生的误译,提高译文质量。下面就来介绍动物文化的几种翻译方法。

(1)保留形象直译。有的动物在英语文化中和汉语文化有着相同的意思,这时候我们可以保留形象进行直译。例如:

as faithful as a dog 像狗一样忠诚

feel just like fish in water 如鱼得水

A rat crossing the street is chased by all.

过街老鼠,人人喊打。

Don't make yourself a mouse, or the cat will eat you.

不要把自己当老鼠,否则肯定被猫吃。

(2)改换形象套译。在翻译动物词语时,将其在源语中的象征意义传达到目标语中或者用目标语中具有的相同象征意义的词来替代即可。例如：

like a drowned rat 像落汤鸡

a lion in the way 拦路虎

as timid as rabbit 胆小如鼠

Love me, love my dog.

爱屋及乌。

Better be the head of a dog than the tail of a lion.

宁做鸡头，不做凤尾。

（3）舍弃形象意译。当无法保留动物形象进行直译且无法改变动物形象进行套译时，可以舍弃原文中的动物形象进行意译。例如：

big fish 大亨

top dog 最重要的人物

Dog does not eat dog.

同类不相残。

My mother will have a cow when I tell her.

我妈妈听说后一定会发怒的。

六、植物文化翻译实践

英汉民族不同的地理位置、气候条件等因素都对植物的生长及其特性的形成有着很大的影响。有些植物可能会是某一地区特有的，还有些植物在不同的地区被赋予了不同的文化内涵。下面就来介绍植物文化的几种翻译方法。

（1）保留形象直译。当某种植物词汇在英汉两种语言中的文化内涵相同或相似时，即可采取保留形象直译的翻译方法。例如：

laurel wreath 桂冠

Oak may bend but will not break.

橡树会弯不会断。

An apple a day keeps the doctor away.

一日一苹果,医生远离我。

(2)直译加注释法。保留植物形象直译的优点在于它能够保留源语的文化特征,传递原文风格,再现原文神韵,使译文生动传神,有助于促进中西文化交流。但对不了解西方文化的读者而言,直译也经常为他们的理解带来一定的困难。对此,译者不妨采用直译加注释的方法来处理,即在保留原文植物形象的同时阐释其文化意义。例如:

as like as two peas in pot 锅里的两粒豆(一模一样)

While it may seem to be painting the lily, I should like to add something to your beautiful drawing.

我想给你漂亮的画上稍加几笔,尽管这也许是为百合花上色,费力不讨好。(画蛇添足)

(3)转换形象套译。字面意义相同的植物词汇,其联想含义可能不一致;而字面意义不同的植物词汇,其联想含义可能一致。这就意味着,译者在翻译植物词汇时必须注意其在两种语言中的文化差异,并据此调整植物词汇在译入语中的表达方式。例如:

as red as a rose 艳若桃李

potatoes and roses 粗茶淡饭

My new jeep is a lemon.

我的新吉普真是个蹩脚货。

Oaks may fall when reeds stand the storm.

疾风知劲草。

(4)舍弃形象意译。当植物词汇直译过来很难被译入语读者所理解,而添加注释不方便,转换形象套译又行不通时,译者不妨舍弃原文中的植物形象进行意译,即只译出植物词汇的联想意义。例如:

the apple of one's eyes 掌上明珠

harass the cherries 骚扰新兵

Every bean has its black.

凡人各有短处。

He is practically off his onion about her.

他对她简直是神魂颠倒。

第六章　实用文体翻译研究

"文体"在文学批评中又被称为"风格",是影响翻译的一个重要因素。不同的文体有着不同的功能,翻译时除了要忠实于原文的字面含义,还应该再现原文风格,实现原文功能。因此,不同文体的翻译思路和侧重点也是不同的,翻译时不能一概而论,而应区别对待。本章就来探究实用文体翻译的有关问题。

第一节　实用文体概述

一、文体的定义及分类

(一)文体的定义

英语中的 style(文体)一词源于 stylus。古罗马人用一种叫做 stylus 的尖头铁笔在拉板上写字。用这种笔要想写好字,就必须具备驾驭铁笔的能力。之后 style 一词的意义逐渐扩大。如今,style 既指某一时代的文风,又可指某一作家使用语言的习惯;既可指某种体裁的语言特点,又可指某一作品的语言特色。

中西方学者对"文体"的定义有着不同的看法,下面列举一些具有代表性的观点。

英国作家斯威夫特(Jonathan Swift)指出,风格即"将恰当的词用在恰当的地方即是风格的确切含义"(Proper words in proper places make the true definition of a style)。

　　艾布拉姆斯（Abrams）在《文学批评术语辞典》中提到，"风格是散文或诗歌的语言表达方式，即一个说话者或作家如何表达他要说的话。"

　　卡顿（Caton）在《文学术语辞典》中指出，"文体是散文或诗歌中特殊的表达方式；一个特殊的作家谈论事物的方式。文体分析包括考察作家的词语选择，他的话语形式，他的手法（修辞和其他方面的）以及其他的段落形式——实际上即他的语言和使用语言方式的所有可以觉察的方面。"

　　我国古代著名文学评论家刘勰在《文心雕龙》中将文体分为了八种："若总其归途，则数穷八体：一曰典雅，二曰远奥，三曰精约，四曰显附，五曰繁缛，六曰壮丽，七曰新奇，八曰轻靡"，并强调，"辞尚体要，弗惟好异，盖防文滥也"。可见，一篇好的文章不能只是猎奇或文辞华丽，而应该重点突出，详略得当。

　　我国最大的综合词典《辞海》对"文体"的解释包括以下两层含义。❶

　　（1）文体即文章的风格。钟嵘《诗品》卷中（陶潜诗）"文体省静，殆无长语"。

　　（2）文体也称为"语体"，为适应不同的交际需要而形成的语文体式。一般分为：公文文体、政体文体、科学文体、文艺文体等。

　　《古代散文百科大辞典》对"文体"也做了两层解释。

　　（1）指文章的风格体制。

　　（2）指文章的表达方式及规格程式。

　　《西方文体学辞典》则对文体风格做了这样的描述：文体风格是指口头或书面的表达方式……有的人风格华美，还有的人风格滑稽。

　　综合上述观点，本书认为文体是文学作品的体制、体式、语体和风格的总和，是一个时代的社会历史和文化精神的凝聚。它以特殊的词语选择、话语形式、修辞手法和文本结构方式，多维地表达了创作主体的感情结构和心理结构，需要外语学习者认真

---

❶　陈剑晖. 文体的内涵、层次与现代转型[J]. 福建论坛，2010，(10)：108.

掌握。

此外，文体有广义和狭义之分。广义文体指一种语言中的各类文体；狭义文体则指文学文体。广义文体和狭义文体中又可以包含很多分支。例如，在口语体中，会议的正式发言显然与日常的谈话有所不同，各有其语音、句法、词汇和篇章的特点；书面语文体可分为文学语、专门语及共同语（普通语）三大类（方梦之，2004）。

（二）文体的分类

从不同角度可以对文体进行不同的分类。

1.二分法

二分法以文章是否具有文学性为标准，将文体分为实用文体（又称"非文学类"）与文学文体（又称"文学类"）两大类别。这种分类方法较为科学，并得到了学术界大多数人的认可。

2.三分法

裴显生在《写作学新稿》（1987）中提出了三分法，将文体分为文学类、实用类以及介于两者之间的边缘类。其中，边缘类文体同时具有实用类文体与文学类文体的特征，既可单列为一个类别，也可根据其特征被划归为实用类或文学类。

3.四分法

龙泽巨在《浅谈文章的分类》中以文章在内容、方式以及作用等方面的差别为标准，将文体分为记叙文、应用文、论说文、文学作品。但是由于在实践中并非三个标准并用，所以这四种类别常常彼此包涵。在《体裁分类刍议》中，王正春以表现方式为标准，将文体分为说明文、记叙文、议论文、应用文。尽管这种分类有所创新，却没有将文学类文体放在合理的位置。

4.五分法

董甘昧在《普通写作学》中将文体划分为文学类、说明类、议论类、实用类、新闻类等五个类别。这种分类包举一切文体,对于教学与研究有积极的促进作用,但由于缺乏统一的标准,类别间的交叉重叠现象也在所难免。

二、实用文体的产生及发展

任何文体都是在特定时期的政治、经济的背景下产生的,随着每个阶段政治、经济和社会习俗的变化,文章的体式和风格也不断发生变化。在上古时期,人们就创造了实用文体,所以实用文体的起始距今已经有 3 500 多年的历史。那时人们为了祈求风调雨顺而举行祭奠神灵等活动,因此他们就不得不使用实用文体。最开始,实用文体以甲骨卜辞的形式出现。《尚书》被认为是我国第一部实用文体总集。

在时代和历史的发展框架之下,实用文体也跟着发生改变。秦朝统一文字以及汉代辞赋等对我国的文字和文化都有着重大的影响,它当然也影响着实用文体的变革。而唐代有着比较开明的政治氛围,加上该时期的经济形势也非常好,所以这就为实用文体创造了宽松的发展空间,实用文体也得到了空前的发展。在这个时期,无论是从数量,还是从质量上来说,实用文体都达到了顶端,并不断走向成熟的境界。在北宋时期,著名的政治家、文学家和思想家王安石为实用文体的发展做出了巨大的贡献。在后来的元、明、清时期,即使在资本主义萌芽和个性解放思潮的环境下,实用文体仍然保持着稳定的发展态势。然而,到了辛亥革命以后,在西方思潮以及白话文的影响下,实用文体发生了很大的变化,其内容显现出了更强烈的民主平等意识,其格式表现得更加丰富和自由。

三、实用文体的特点

实用文体有其独特的特点,可总结为:实用性、真实性、简洁性、明确性以及规范性。下面对这些特点分别进行介绍。

(一)实用性

实用文体在公共事务和私人事务的处理中都具有实际应用的价值,这就是实用文体的实用性。实用性是实用文体最大的特点,因此无论何种目的都要确保具有较强的针对性。实用性主要包括两个方面内容,即内容的现实性和时效性。

(1)内容现实。实用文体的内容通常是人们实际可能面临的问题,通过对这些问题加以分析、解答来帮助读者获取一定的信息,采取一定的行为。

(2)实用文体类的文章通常具有一定的时效性,即文章的价值有时间限制,超过一定的时间就会失去价值。

(二)真实性

这里的真实性指的是实用文体内容的真实性,即该类文章的内容必须以事实为依据,不允许杜撰或虚构。

首先,实用文体的文章中出现的事实和相关的数据材料等要准确、真实,避免因不真实而出现的法律纠纷。

其次,实用文体内容中的语言要准确无误。思路的清晰以及精心的遣词造句都利于语言的准确表达。因此,用词要准确,造句要符合语法,具有逻辑性;还要注意词义和词的感情色彩,并依据特定的语言环境选用恰当、贴切的词语。

(三)简明性

为了节约时间和提高办事效率,实用文体具有简洁明了的特点。这类文章通常以言明事实、解决问题为主旨,力求语言的简洁、明确,避免使用一些不切实际的语言。简洁就是用最少的文字表达尽可能多的内容,做到"文简而义丰"。而要真正做到语言的简明,作者必须有着清晰的思路、较强的概括能力和较高的文字功底,能根据不同情况灵活处理文章语言,做到叙述平直,说明扼要,议论精当。另外,掌握一定的套语也是保证语言简明的一个重要方法。

(四)明确性

实用文体的另一个特点是其对象的明确性。由于实用文体的读者一般都明确、具体,不像文学作品那样广泛。无论是行政公文中的"请示""通知",还是医护文书中的"病历书""检查申请单",其对象都十分明确。

(五)规范性

这里的规范性指的是实用文体体式的规范性,即该类文体会根据不同的目的选用不同的文体体式,格式要求也不同。实用文体具有多种多样的种类,每一类型都有各自不同的规定和要求。

实用文体体式的规范性主要包括如下两个方面。

(1)文种的规范,即为不同的目的而选用不同的文种。

(2)格式的规范,即不同的文种有不同格式要求。

第二节　实用文体翻译原则

一、正确原则

在翻译实践活动中,由于文本功能不同,不同文体的翻译方法也有所差别,还有一些翻译方法专门适用于某一种文体。但无论哪种翻译方法,都有一个共同之处,即必须翻译正确。这也是翻译的首要标准。

要做到翻译正确,翻译时应注意以下两点。

(1)文体翻译中经常会遇到关于时间、空间、价格等的表达,翻译时更需精准无误,不能主观臆断或含糊其辞。

(2)原文中涉及专业术语、行话时,必须用对应的术语、行话翻译出来,以保证语义准确、语言地道。

如贵方能将尿素报价降至每吨 1 200 法郎,我们可订购 150 至 180 吨。

If you can reduce your price of urea to 1,200 French francs per ton, we may be able to place an order of 150～180 metric tons.

在不同的度量衡制度中,"吨"有不同的解释。我国采用公制,1 公吨等于 1 000 公斤,美国采用的是"长吨""短吨",1 长吨等于 1 016 公斤,1 短吨等于 907.2 公斤。另外,franc 不仅仅是法国法郎,也是瑞士、比利时、卢森堡等国家的货币单位。但是,原文的"法郎"和"吨"应指"法国法郎"和"公吨",译文相应地用 French franc 和 metric ton。

The function of a derrick is to provide the vertical clearance necessary to the raising and lowering of the drill string into and out of the hole during the drilling operations.

井架的功用是起钻、下钻作业时为钻柱提供必要的垂直空间。

clearance 指钻台平面至天车底平面之间的大距离空间,有些英汉词典翻译成"间隙",实则不正确,应该翻译为"空间"。the raising and lowering of the drill string into and out of the hole 应该翻译为"起钻、下钻作业"而不是"钻井操作"。

二、通达原则

实用文体翻译还需要达到通顺达意。如果译文晦涩难懂,不但会降低其可读性，还会给读者带来理解障碍。所以，实用文体翻译常常采用增词、减词、引申、调整词序等变通的手法。例如：

The magic spades of archaeology have given us the whole lost world of Egypt.

考古学家用神奇的铁铲把整个古埃及都发掘出来了。

Then people in Shanghai found great trouble in getting to their destinations on foot or by car and it became a top social problem.

当时，上海行路难、乘车难成为突出的社会问题。

三、适切原则

适切即适合贴切。适切标准要求，译者应根据不同文体的特殊功能和目的选择合适、贴切的表达，以使译文符合目的语国家的政治、文化环境以及技术规范等。为了达到这一要求，翻译时经常需要对原文加以调整。例如：

天花板中央悬挂三盏直径三米的荷花大彩灯，取毛泽东"芙蓉国里尽朝晖"的寓意。

On the furred ceiling hang three lotus-shaped lanterns（each having three meters in diameter），reminiscent of a beautiful scene depicted in a poem by Mao Zedong.

在这个例子中，原文中"芙蓉国里尽朝晖"这句诗词是翻译的难点。如果将其全部翻译出来，是 presenting an image of "The morning sunlight floods your land of lotus blooms"，但这样翻译并不合适。首先，外国人并不了解毛泽东这首诗词的创作背景，无法将荷花大灯与荷塘的晨曦联系起来。其次，仅将诗句翻译出来还不够，还必须注明诗句出处，这样这一段包含诗句翻译及注释的译文对于建筑结构介绍而言颇有喧宾夺主之嫌。基于这些考虑，译者并未将诗句虚隐起来，这有利于更好地实现文本功能。

四、快捷原则

委托人或客户一般都会要求译者在保证翻译质量的前提下，提高翻译速度。对于现在发展迅速的市场经济而言，时间就是金钱，所以各个行业都很关注办事效率。要在几天时间内翻译一份20万字的投标书，这就需要几个经验丰富的译者一起合作完成。因为现在的信息技术很发达，有的委托人早上通过网络发出原文，下班之前就要求拿到译稿。所以，现在已经不能单纯地讲究"慢工出细活"。

第三节　实用文体翻译实践

一、旅游文体翻译实践

（一）翻译方法简述

1. 直译法

通常情况，如果原旅游宣传材料中包含很多实质性信息，且没有太多特殊的文化内容，翻译时多采用直译法，便于读者理解，并使读者感到信息的全面性。例如：

Three Pools Mirroring the Moon 三潭印月

Eagle Beak Cliff 鹰嘴岩

Cold Mountain Temple 寒山寺

Bicycles are available all year round from main streets in Italy, from April to September.

4月到9月期间，游客能在意大利的主要街道上租到自行车。

本例原文主要介绍了旅游过程中租赁自行车的信息,译文采用直译的手法将原文表达内容原原本本地呈现在读者面前,非常清楚明白。

On November 5,2009 the city of Lucerne received the "European Energy Award Gold" for the progressive efforts for its energy policy. The European Energy Award supports communities that want to contribute to a sustainable energy policy and urban development through the rational use of energy and an increased use of renewable energies.

2009 年 11 月 5 日,卢塞恩市凭借在能源政策方面的不懈努力赢得了"欧洲能源金奖"。欧洲能源奖的评选对象是在支持能源可持续发展政策、合理利用能源以促进城市发展、提高可再生能源的利用效率等方面做出贡献的社区。

上例主要卢塞恩获得能源奖进行了介绍,译文采取直译法,方便读者根据所提供的信息对卢塞恩的环保成绩有所了解。

2. 增译法

(1)修辞性增译

在翻译商务旅游宣传材料时,如果采用直译不能产生与原文相等的效果,这时译者可采用修辞性增译,即从修辞的角度,按译入语的行文习惯适当增加词语,将原文的内涵意义传达出来,从而增强译文的修辞效果,使之更贴近译文读者的欣赏习惯和阅读心理。例如:

Venice invites idleness and strolling. Its silence is restful and its sundials are inscribed with the words:Horas non mumero nisi serenas(I count only the happy hours)

(Venice,English World)

威尼斯是人们休闲解闷、闲庭信步的好去处,她宁静从容,闲适悠然,连城中的日晷上都刻着这样的铭文:"只计幸福时光"。这样的译文意义更明确,也更为汉语读者喜闻乐见。

如果将原文中的 invites idleness and strolling. Its silence is restful 直译为"邀请悠闲和散步,安宁是静止的",显然是不合逻辑的。为了填补逻辑语义上的缺失,译文应增添恰当的词汇。

Towers, domes, balanced rocks, and arches have been formed over millions of years of weathering and erosion, and the process continues, constantly reshaping this fantastical rock garden.

(Arches National Park, National Geographic)

原译:无数年风雨的冲刷侵蚀,形成了高塔、穹隆、平衡的岩石、拱门,这种进程还在继续,正不断重造这一神奇的石头花园。

改译:岁月沧桑,风化雨蚀,造就了这里奇特的山体风貌:满山"巨塔"高耸,"穹丘"浑圆,"不倒翁"摇摇欲坠,"大拱门"凌空而立,奇形怪状,自然天成。大自然造物不尽,还在不断创造新的神奇。

上例中原文用词很简练,而原译很明显逻辑不通,文不成句。而改译后的译文增加很多原文中没有的词汇,更能传达出原文字里行间隐含的意境,不仅增强了修辞效果,表达也更为生动感人。

(2)注释性增译

注释性增译是指对原文中一些带有源语文化色彩和历史背景的重要信息,在译文中适当阐释甚至加注以明确原义,以免译文读者误解甚至不解,做到内外有别。例如:

Friedrich Nietzsche, Richard Wagner, Hermann Hesse, Thomas Mann, Arturo Toscanini, Richard Strauss, Herbert von Karajan and many other famous personalities from the worlds of the arts and culture have contributed to the myth and nimbus of this Valley. "Schlittedas-Chalandamarz", an own architectural style(the "Engadine house"), and the famous Engadine nut tart are also a part of it all.

弗里德里希·尼采(哲学家)、理查德·瓦格纳(音乐家)、赫尔曼·黑塞(作家,曾获诺贝尔文学奖)、托马斯·曼(作家,曾获诺贝尔文学奖）、阿尔图洛·托斯卡尼尼（指挥家）、理查·施特劳斯（作曲家）、赫伯特·冯·卡拉扬（指挥家）以及其他众多著名的艺术和文化名人为这一山谷增添了神秘和灵气。独特的建筑风格 Schlittedas-Chalandamarz（恩嘎丁之屋）以及著名的恩嘎丁坚果甜饼也是其文化的一部分。

上述原文中涉及很多文化名人，有些中国读者可能对这些人不太熟悉，翻译时添加了注释，以使读者对所介绍地方充满的文化底蕴和文化气息有一个更清楚的了解。

3. 省译法

有的商务旅游宣传材料的原文中出于行文的需要，会使用一些没有实际意义的词语表达。在翻译时，如果将这些无意义的词语全部译出，肯定会破坏译文美感，使译文显得臃肿堆砌。翻译时，可采用省译法，对原文表达进行合理删减，以使译文符合译入语表达习惯，同时增强对读者的吸引力。例如：

The Fitzroy district is the bohemian heart of Melbourne. Over the past ten years it has changed itself from a dodgy place that you'd be scared to walked around in at nigh, to the arts and avant-garde district of the city.

费滋罗区是墨尔本不受世俗羁绊的文艺中心。这里曾经是人们晚上不敢出去逛的危险地方，但在过去 10 年内，这里变成了这座城市里充满艺术性的前卫地区。

以上原文中 itself 是动词 change 的宾语，与主语 it 意义相等。汉语中如果前后意义指向同一个代词，在不影响句子意思的前提下，可省略后面一个代词了 itself，使句意更为紧凑。

You're not allowed to bring your own food to the zoo.

不允许自带食物进入动物园中。

In spite of this, you can still find its grand past.

尽管如此，还是可以找到它辉煌的过去。

（二）翻译实践

1.旅游文体词、句翻译实践

原文：

（1）F & B

（2）IDD

（3）Danger

（4）Sold Out

（5）Underground

（6）Locker Room

（7）Information

（8）Public Toilet

（9）Admission Free

（10）Lost and Found

（11）Alcohol Free Zone

（12）Food and Beverage

（13）Ticket & Travel Centre

（14）Handicapped Only

（15）Slow Down

（16）Mind the Gap

（17）Keep off the Water

（18）No Smoking/Photographing/Parking!

（19）Don't Walk!

（20）Please mind the step!

（21）Please Keep Off the Grass!

（22）Out of Use. Please Use the Other Doors.

（23）Don't touch the exhibits!

（24）Please don't pick the flowers!

（25）Do not trespass on the railway!

译文：

(1)餐饮服务

(2)国际直播电话

(3)危险

(4)售完

(5)地铁

(6)更衣室

(7)问询服务

(8)公共厕所

(9)免票入场

(10)失物招领

(11)禁酒区

(12)餐饮部

(13)票务与旅游中心

(14)残疾人通道

(15)减速慢行!

(16)当心道槽!

(17)水深,请勿靠近!

(18)禁止吸烟/拍照/停车!

(19)禁止通行!

(20)请小心台阶!

(21)请勿践踏草坪!

(22)此门关闭,请走旁门。

(23)请勿用手触摸展品!

(24)请勿攀摘花木!

(25)严禁穿越路轨!

2.旅游文体语篇翻译实践

原文：

Golf Resort La Gruyère

This hotel, located at the foot of the Fribourg pre-Alps, enjoys an idyllic setting right on the shores of Lake Gruyere only 20km from Fribourg and 30km to Montreux and offers top-class service in a warm, welcoming and authentic atmosphere. 18-hole golf course 5. 2km in length close to Fribourg and Montreux. I-dyllic views of Lake Gruyere and the Fribourg pre-Alps. This re-sort with hotel and restaurant boasts an excellent golf infrastruc-ture plus pro shop, pulling green and driving range.

Victoria Jungfrau Grand Hotel & Spa (Interlaken)

Combining traditional style, elegance and spaciousness with modern luxury and comfort is the recipe for this hotel's welco-ming informality. Its favored location, nestled between lakes and rivers and located at the foot of the Jungfrau massif, affords stun-ning views of its beautiful surrounds. 212 large rooms, conference rooms, 3 restaurants (16 and 15 Gault Millau points), bars, smoker's lounge, monumental spa complex.

The Interlaken-Unterseen Golf Club offers first-class prac-tice facilities; the resident golf pro Paris Buckingham has over 20 years of experience; he will even guarantee improvements to your golf game. Special golf fitness exercise regime. Training on the Power Plate for golfers takes 25 minutes. Luxurious hotel com-plex offering tradition and wellness.

Alpenhof Hotel (Zermatt)

Exclusive top-quality hotel with an elegant, rustic atmos-phere in a sunny, tranquil location close to the cable car stations in traffic-free Zermatt. Managed by the Julen family for the past 25 years. Spacious suites, the double rooms were renovated in au-tumn 2007 and open designer bathrooms added. 1,500m^2 wellness complex, 2 restaurants and piano bar. Close to golf courses.

The 4-star establishment belongs to the Swiss Golf Hotels organisation. It is a member of the Matterhorn Golf Club and the

Lenk Golf Club and offers its guests a 20% reduction in green fees. Three and four-day packages for golfers. Wellness offer with outdoor Jacuzzi tub.

译文：

格吕耶尔高尔夫度假村

这家位于弗里堡阿尔卑斯山麓脚下的宾馆座落在格吕耶尔湖畔，周围是美丽的田园风光，距离弗里堡 20 公里，距离蒙特勒 30 公里，在温暖、亲切、热情的氛围中为客人提供一流的服务。弗里堡和蒙特勒附近的 18 洞高尔夫球场长度为 5.2 公里，客人们在这里可以欣赏格吕耶尔湖和弗里堡阿尔卑斯山麓美丽的田园风光。由宾馆和餐馆组成的这个度假胜地具有良好的高尔夫球基础设施，此外还有专门商店、轻击练习场和高尔夫球练习场。

维多利亚——少女峰豪华温泉大酒店（因特拉肯）

风格传统，优雅空灵，宽敞明亮，时尚奢华与舒适完美结合，这就是维多利亚——少女峰豪华温泉大酒店平易近人的秘诀。宾馆位于雄伟的少女峰脚下，周围是宁静的湖泊与河流，位置非常理想，入住的客人可以欣赏周围美丽的景色。宾馆共有 212 个大客房、会议室、3 家餐厅（米罗美食指南中获评 16 分和 15 分）、酒吧、吸烟休息室、巨大的 spa（温泉浴）中心。

因特拉肯高尔夫俱乐部提供一流的练习设施；当地的高尔夫球职业选手帕里斯·布金汉姆（Paris Buckingham）已经有 20 多年的经验，一定能让您的高尔夫球赛更加精彩。球场有专门的高尔夫球适应性练习时间，球手还可以在 PowerPlate 上训练 25 分钟。这是一家提供传统活动和保健服务的综合性豪华酒店。

阿尔卑斯霍夫宾馆（采尔马特）

这是一家品质一流的独特宾馆，环境优雅，宁静恬淡，光照充足。宾馆位于禁止汽车通行的采尔马特，离缆车站仅咫尺之遥。25 年来，该宾馆一直由朱伦家族管理。宾馆拥有宽敞的套间，双人间于 2007 年秋季进行了重新装修，增加了开放式高档浴室。宾馆还拥有 1 500 平米的保健中心以及 2 个餐厅和 1 个钢琴酒吧。另外,宾馆还靠近高尔夫球场。

这座四星级宾馆是瑞士高尔夫宾馆组织的成员,同时也是马特宏峰高尔夫俱乐部和伦克俱乐部的成员,客人在这些球场可享受果岭费 20% 的优惠。宾馆为高尔夫球手准备了 3 天和 4 天的优惠套餐,其保健设施还包括室外的极可意浴缸。

二、广告文体翻译实践

(一)翻译方法简述

1. 直译法

直译法可用于语义明确,句法结构简单的广告翻译中。直译翻译既可以还原广告的信息,又能与原广告形式相对应,实现意义与形式的统一,保持原文的美感。例如:

Shanghai TV—Watching is believing.

有目共赏。(上海电视广告)

At 60 miles an hour the loudest noise in this new Roll-Royce comes from the electric clock.

时速 60 英里的新款"劳斯莱斯"轿车,它最大的噪声来自电子钟。(手表广告)

What can be imagined,can be realized.

只要有梦想,万事可成真。(香港电讯)

Striving today for all your tomorrows.

为你未来,做好现在。(中银集团)

EBEL the architects of time.

"依贝尔"手表——时间的缔造者。(手表广告)

Light as sea-foam,strong as the tide.

轻柔似水,强劲如潮。(某内衣广告)

Drive carefully—the life you save may be your own.

安全驾驶——救人一命即救己。（某公益广告）

Challenge the Limits.

挑战极限。（三星广告）

2. 意译法

当广告的英汉词序、语法结构和艺术手段差异很大时，就要考虑运用意译法翻译。意译虽然对原文的基本句式或修辞特点进行适当调整，但却可以根据上下文把广告语贴切地表达出来。例如：

We care to provide service above and beyond the call of duty.

殷勤有加，风雨不改。（UPS 快递）

Every time a good time.

分分秒秒，欢聚欢笑。（麦当劳）

For next generation.

新一代的选择。（百事可乐广告）

One drop for beauty; Two drops for a lover; Three drops for an affair.

一滴为了美；两滴为了情人；三滴足以招致一次风流韵事。（香水广告）

Intelligence everywhere.

智慧演绎，无处不在。（摩托罗拉手机广告）

Invented for life.

科技成就生活之美。（博世广告）

A diamond is forever.

钻石恒久远，一颗永流传。（戴比尔斯珠宝广告）

Spoil yourself and not your figure.

放心吃用，不增体重。（某冰淇淋广告）

3. 增译法

增译法也是广告英语中常用的翻译方法，它是指深入挖掘

原文中的某些关键词并加以适当发挥,以便将原文中的隐含义有效体现出来,最终使译文超越原文,取得更佳的语言效果。例如:

Elegance is attitude.

优雅态度,真我性格。(浪琴表广告)

Everything you've heard is true.

真材料,真感受,真服务。(汽车广告)

Be good to yourself. Fly emirates.

纵爱自己,纵横万里。(阿联酋航空公司广告)

You're at 35,000 feet. Your head is in New York. Your heart is in Paris. Your Rolex can be in both places at once.

身在 35 000 英尺的纽约上空,巴黎的浪漫仍系心中。唯你的劳力士可两地相容。(劳力士表广告)

4. 创译法

创译是指在原文的基础上创造性地添加一些内容来进行翻译,使译文忠于原文又高于原文。例如:

Intel Pentium:Intel inside.

给电脑一颗奔腾的"芯"。

上述广告语采用了创译法对产品进行了宣传,既体现了奔腾处理器的重要性,又体现了芯片的质量好。

It happens at the Hilton.

希尔顿酒店有求必应。

Quality Services for Quality Life

凝聚新动力 文康展新姿

Hi-White

I'm a smoker…

I'm a smiling…

Hi-White,Smoker Tooth Polish

洁齿牙膏;让吸烟者尽情欢笑的牙膏;洁齿,吸烟者专用牙膏。

OUCH!

Our Sale Prices hurt us … Not You!

忍痛拍卖！价格让我心疼……让您心动！

Take time to indulge.

尽情享受吧！（雀巢冰淇淋广告）

A great way to fly.

飞跃万里，超越一切。（新加坡航空广告）

Connecting people.

科技以人为本。（诺基亚广告）

If it moves, pumps, turns, drives, shifts, slides or rolls, we check it.

成竹在胸，纵横驰骋。（某汽车广告）

5. 音译法

广告作者创造大量新词吸引读者、推销商品。例如，优美响亮、个性鲜明的商标名称，不仅使读者过目不忘，而且刺激读者的购买欲望。一般说来，新造词的翻译可采取音译，意译或音意结合的方法。例如，Adidas（阿迪达斯），Nike（耐克），Pierre Cardin（皮尔卡丹），Kodak（柯达彩色胶卷），Philips（飞利浦电器）等，这些品牌的翻译体现了异国情调，使广告具有别样的诱惑力。

6. 不译法

不译严格来说算不上是翻译，但却是广告翻译中经常出现的情况。当广告口号的原文短小精悍，一时无法译出同样惟妙惟肖的对应译文时，可以将原文广告词原封不动地采纳，或者将该广告口号以原文的形式保留下来。这样的处理方式有时会更加引人入胜，甚至出奇制胜。例如：

Open your eyes to the world. (slogan:)The world's news leader

CNN 国际新闻网让您放眼看世界。（口号:）The world's

news leader（CNN International）

My Goodness! My Guinness!

我的天啦！我的 Guinness 啤酒！（Guinness 啤酒广告）

Just do it!

上述是耐克的经典广告,曾有人尝试将该广告译为"做就是了"或"只管去做",但最终都不能表达出原文的神韵,因此耐克公司在中国市场上仍然保留了该广告的英文原文。之后的实践证明,这一处理方法是明智的。

（二）翻译实践

（1）原文：

CAAC INFLIGHT MAGAZINE

CHINASKIES

THE FIRST

INFLIGHT MAGAZINE

IN CHINA

THE SOLE

TARGETED MEDIA

IN CHINA

To reach

Businessmen and decision makers

At national level

Best cost effective media

For the coverage of all the airlines in China

MAKE YOUR

ADVERTISING CAMPAINGS

TAKE OFF IN CHINA

WITH

CAAC INFLIGHT AMGAZINE

CHINASKIES

译文：

《中国民航》

中国民航总局航机杂志

中国首家机上杂志，

独一无二的刊物拥有广泛的固定读者。

上至商界巨擘，政界名流。下至一般乘客，平民百姓。

覆盖中国所有航线，广告投入少，收效显著。

一起奔向中国市场的广阔天地。

（2）原文：

With Philips Lighting, it takes 75％ less

Energy to get 100％ more out of life.

Let's make things better.

Getting more out of life is easier than ever with the help of Philips-Lighting.

Our CFL Lamp, for example, lasts up to eight times longer than conventional lamps and uses 75％ less energy.

Giving families all across the world the world the freedom to concentrate on living life to the maximum, whilst their energy requirements are kept to a minimum.

Philips. The light that's always shining.

PHILIPS.

译文：

使用飞利浦照明器材，能源消耗减少 75％，生活乐趣增加 100％。让我们做得更好。

有了飞利浦的照明器材，可以比以往更容易获得更多的生活乐趣。

例如，我们的 CFL 等比普通的灯节约 75％ 的能源，而使用寿命则延长了八倍。

飞利浦照明器材使全世界所有家庭都能最大限度地享受生活，但能源消耗却是最低限度的。

飞利浦。永远的光明。

飞利浦。

（3）原文：

HYDRACTION
Moisturization so deep that it shows
DIOR INNOVATION

HYDRATION offers your skin deep moisterization for an immediately visible result and an intensely long-lasting comfort.

Innovative double-action technology

• Instantly, visible moisterization：

The revolutionary AquacaptTM complex increases and reinforces water reserves in the form of invisible water cushions, thereby limiting water evaporation. Skin is immediately and intensely quenched, visibly plumped and radiant.

• In the long term, deep moisterization

Aquaporin techonology contributes to a cutaneous irrigation system which helps promote better water circulation between cells. It improves water movement, allowing the deep reserves to move towards the skin's upper layers for extreme and long-lasting comfort.

Result：Skin is transformed day after day. It is visibly fresher, more supple, lastingly comfortable. It comes to life and looks beautifully radiant.

译文：

HYDRACION 水动力
深入滋润，瞬间改变

HYDRACTION 瞬间滋润肌肤，呈现显著改善，持久舒适（自然）。

双效创新科技

看得到的瞬间滋润：AquacaptTM 复合物以肉眼看不见的水垫形式提高和加强肌肤内的水分储备，从而限制水分蒸发。肌肤瞬间充分吸收水分,丰盈饱满,光彩照人。

持久深入润泽保湿:Aquaporin 技术促进皮肤灌溉系统,加快细胞间水分循环,改善水分运动,令深层水分流向皮肤表层,带来极端持久的舒适感受。

效果:肌肤即刻转变,显著清新柔和,持久舒适,光彩照人。

三、合同文体翻译实践

(一)翻译方法简述

1.词汇的翻译方法

(1)省译法

为了增加合同的正式性和规范性,商务英语合同经常使用一些并列的同义词或名词,但在翻译时如果直接将这些同义词或名词译出会使得译文非常啰唆,因此为了适应译文的表达习惯,在翻译时常常采用省略法省略原文中重复的词语。省略通常包含以下三种情况省略名词、省略同义词和省略副词。例如:

In the course of arbitration, the contract shall be continuously executed by both parties except the part of the contract which is under arbitration.

在仲裁过程中,除仲裁中的那部分合同以外,其他部分应由双方继续执行。(省略名词)

The Sellers shall be liable for any damage and loss of the goods attributable to the inadequate or improper packing.

由于包装不当造成的货物缺损由卖方负责。(省略同义词)

All disputes arising from the performance of this Contract shall, through amicable negotiations, be settled by the Parties hereto.

由此合同履行而引致的所有争议都应由双方友好协商解决。(省略副词)

（2）转译法

英汉语言之间存在很多差异，在合同英语翻译过程中，有时很难找到一个词义与原词完全相同，同时词性与英语原词完全相通的汉语词。此时，译者就需要对合同中的词性进行转换，以准确表达原文含义。通常转译法主要包括如下几种情况。

主语的转译。例如：

Payment shall be made by net cash against sight draft with Bill of Lading attached showing the shipment of the goods. Such payment shall be made through the Bank of China, Dalian Branch.

凭即期汇票和所附表明货物发运的提单通过中国银行大连分行以现金支付。

宾语的转译。例如：

The Seller shall make delivery of the goods strictly within the period stipulated herein. In the event of delay in delivery, the Buyer may cancel the Contract and claim damages for breach of the Contract.

卖方应当严格按规定的期限交货，若迟交，买方有权撤销本合同，并向卖方提出由此所造成的损失赔偿。

定语的转译。例如：

The Joint Venture's products to be sold in China may be handled by the Chinese Materials and Commercial Departments by means of agency or exclusive sales, or direct sale by the Joint Venture Company.

合资公司内销产品可由中国物资部门和商业部门代销或包销，或由合资公司直接销售。

表语的转译。例如：

The date of registration of the Joint Venture Company shall be the date of the establishment of the board of directors of the Joint Venture Company.

合资公司董事会成立日期，以合资公司注册登记之日为准。

状语的转译。例如：

In this Contract, the Packing Clause stipulates for one gross to the polythene bag, covered with paper box, 50 paper boxes to an inner carton, 2 inner cartons to a wooden case.

合同中的包装条款规定为：每一聚乙烯袋一罗装，然后装入纸盒，50 盒装一纸箱，两纸箱装一木箱。

2. 句子的翻译方法

(1) 从句的翻译方法

合同英语中经常出现定语从句，所以这里主要探讨定语从句的翻译。

合同英语中的定语从句主要有限定性定语从句和非限定性定语从句。限定性定语从句大多与其先行词有密切的修饰限定关系，因此在翻译时要提到先行词前面，同时要采用合译的方法，把这类句子译成汉语的"……的"。例如：

Except in cases where the insurance is covered by the Buyers as arranged, insurance is to be covered by the Sellers with a Chinese insurance company.

除经约定保险归买方投保者外，由卖方向中国的保险公司投保。

(2) 长句的翻译方法

合同英语中的长句翻译技巧主要有以下几种。

分译法。如果合同中长句的主句和从句的修饰限定关系较弱，翻译时可以将长句拆开，从而使其译文的语意更加明白清楚，逻辑感和层次感也更强。例如：

With respect to those territories to which this Convention is not extended at the time of signature, ratification or accession, each State concerned shall consider the possibility of taking the necessary steps in order to extend the application of this Convention to such territories, subject, where necessary for constitutional reasons, to the consent of the Government of such territories.

关于在签署、批准或者参加本公约的时候,本公约所没有扩展到的地区,各有关国家应当考虑采取的步骤的可能性,以便本公约的使用范围能够扩展到这些地区。但是,如果由于宪法关系而有必要时,应当取得这些地区政府的同意。

上述例句主句与从句之间存在转折关系,而"where necessary for constitutional reasons, to the consent of the Government of such territories."显然是对主句进行的补充,前后意思的联系比较弱,为避免句子过长,符合汉语的语句特点和表达习惯,将其断开,使译文结构简洁、意思明确。

The four volumes of the tender documents have been collated and bound by mechanical means and Tenderers should check to ensure that they contain all pages (which are numbered consecutively) and that all supplements referred to are also included.

投标文件四卷装订在一起。投标者应仔细检查是否缺页(页码连续)及附件是否完整。

合译法。在翻译商务英语合同时,有时为了便于理解,会采用合译法,将一些联系较为紧密的内容合而为一。例如:

By confirmed, irrevocable, transferable and divisible L/C to be available by sight draft to reach the Seller before ×× and to remain valid for negotiation in China until ×× after the time of shipment. The L/C must specify that transshipment and partial shipments are allowed.

买方须于××前将保兑的、不可撤销的、可转让的、可分割的即期付款信用证开到卖方,该信用证的有效期延至装运期后××天在中国到期,并必须注明允许分批装运和转船。

上述例句采用了合译的翻译方法,将联系紧密的部分合在一起,如果分开翻译会使译文变得断断续续,意思也不连贯,并且重复的部分也会影响译文的简洁。

顺译法。顺译法是指按照时间的先后和逻辑顺序进行翻译,顺译法与汉语的表达顺序基本相同,译者可以递序而下、顺译而为。例如:

The Seller shall notify the Buyer two months prior to each shipment whether his inspectors will join the inspection of the shipment. The Buyer after receiving the notice shall inform the Seller of the date of inspection at least 20 days before the date of open-package inspection and shall also render convenience to the Seller's inspectors in their work.

卖方在每批货发货前两个月通知买方是否参加该批货检验。买方收到通知后至少在开箱检验日期前 20 天将检验日期通知卖方,并为卖方检验人员提供检验工作的便利条件。

上述例句的译文与原文的表达顺序基本一致,是采用了顺译的翻译方法。

逆译法。英汉语言在表达上存在着很大的差异,有时会将重要的信息放在前面,不重要的信息放在后面,在翻译时应该按照各自的表达习惯,将原文的一些语句的顺序打乱,重新组合,其中从原文的后面往前翻译的方法就叫做逆译法。例如:

The Sellers shall not be held responsible if they fail, owing to Force Majeure cause or causes, to make delivery within the time stipulated in this Sales Contract or cannot deliver the goods.

因人力不可抗拒事故使卖方不能在本售货合约规定期限内交货或不能变货,卖方不负责任。

The risk of loss or of damage to the goods, as well as the obligation to bear the costs relating to the goods, passes from the seller to the buyer when the seller has fulfilled his obligation to deliver the goods.

当卖方完成了运输货物的责任,货物的丢失或损坏,以及承受与货物相关的费用的责任便从卖方转移到买方。

上述例句的译文将原文中的条件部分提前翻译,按照与原文相反的顺序进行表述,更符合汉语的表达习惯。

包孕法。包孕法也是比较常用的翻译方法,是指将原文中后置的定语移到先行词的前面,其他部分则按照顺译法进行翻译。例如:

Party A and Party B agree to jointly form a Co-operation Venture Company to introduce the Patent and engage in production cooperation in accordance with the technical know-how specified in the Patent.

甲乙双方同意双方共同成立一家合作经营企业来引进专利,并按专利提供技术进行合作生产。

固定译法。在合同英语中,很多长句都采用"It is + p. p. + that clause"结构,其翻译也已经成为一种固定的模式。例如:

It is mutually agreed that the certificate of quality and quantity or weight issued by the manufacturer shall be part of the document for payment with the adopted Letter of Credit.

双方统一制造厂出具的质量、数量或重量检验证明书作为有关信用证项下付款的单据之一。

(二)翻译实践

原文:

Contract for Technology Transfer and
Importation of Equipment and Materials

China Broadcasting Products Import & Export Corporation and Better Broadcasting Products Factory of Guangdong Province,People's Republic of China(hereinafter referred to as "SINO")as the first part,and Foreign Advance Broadcasting Ltd.,Holland (hereinafter referred to as "INVESTOR") as the second part,and Good-Trade Trading Ltd,Italy(hereinafter referred to as "GTI")have entered into contract with the terms and conditions as follows:

Article 1 Technology Transfer

1) SINO shall introduce the technology necessary to produce INVESTOR's A type and B type products in Guangzhou. These products are referred to as "PRODUCTS" hereinafter.

2) INVESTOR shall offer, at SINO's request in accordance, with this Contract, the technology and information possessed by INVESTOR which are necessary to produce PRODUCTS.

3) Actual names and specifications of PRODUCTS are shown in Appendix 1.

4) INVESTOR shall offer SINO the information concerning trade secret, manufacturing technique and know-how which are necessary to produce PRODUCTS. Details of the information offered by INVESTOR to SINO are shown in Appendix 2.

Article 2 Facilities Planning

1) SINO shall prepare the facilities for production of PRODUCTS in accordance with INVESTOR's suggestions.

2) In order to assist preparation for production facilities in Guangzhou, INVESTOR shall provide assistance including supply of the following data and information:

a. Plan for production line

b. Plan for production manpower arrangement

c. Plan for equipment layout

d. Plan for infrastructure, e. g. water supply, electricity, air-conditioning, transportation, communication

e. Plan for installation and operation of equipment

f. Plan for production management

g. Plan for market promotion.

Above data and information shall be offered to SINO by INVESTOR within 60 days after the effective date of this Contract.

3) Production line is subject to the production schedule atta-

ched to this Contract which is named as Appendix 3.

4) SINO shall prepare production planning by itself, but shall be able to request for INVESTOR's cooperation if deems to be necessary.

Article 3 Payment of Royalty

1) The royalty concerning technology transfer from INVESTOR to SINO shall be as follows:

a. SINO shall pay INVESTOR US $ … as initial payment for buying the production fights from INVESTOR.

b. SINO shall pay INVESTOR 3% of the sales price on each product sold.

2) All payments shall be made in accordance with this Contract and the Agreements relating to this clause.

3) All payments shall be made through Bank of China.

4) Method of payment shall be by Irrevocable Letter of Credit payable at sight, in U. S. currency.

5) SINO shall open an Irrevocable Letter of Credit for the above initial payment payable to INVESTOR, within one month after the effective date of this Contract.

6) Within 30 days after the arrival of the above Letter of Credit, INVESTOR shall supply all the technical data specified in this Contract.

7) When SINO places purchase orders with INVESTOR for the materials stipulated in this Contract, SINO shall add the royalty equivalent to 3% onto the amount of Letter of Credit, each time, or shall open a separate Letter of Credit equivalent to the royalty, at the same time of payment for purchase order.

8) SINO shall be responsible for the induced fees arising in China, and INVESTOR shall be responsible for such fees arising outside China.

Article 4 **Marketing**

1) INVESTOR shall assist SINO concerning marketing of PRODUCTS produced by SINO, by means of trade show, seminar, advertisement, etc.. However, expenses incurred shall be borne by SINO.

2) INVESTOR's logo shall be allowed for use in advertisement, etc. , if SINO necessitates. However, INVESTOR shall not participate in SINO's profit or loss relating to it, nor shall be responsible.

Article 5 **Quality Control**

1) Quality of PRODUCTS finished in Guangzhou shall be judged in accordance with INVESTOR's quality control standards.

2) Quality check on the PRODUCTS produced in Guangzhou at the initial stage shall be carried out jointly by SINO's and INVESTOR's engineers. Details are shown in Appendix 4.

3) Quality check on the PRODUCTS shall be done twice, if needed. In case PRODUCT's quality does not meet the targeted specifications at the second inspection, and if causes are judged to be at INVESTOR's side, INVESTOR shall solve. he problem at its own cost.

4) In case quality inspection of PRODUCTS is satisfactory, both SINO's and INVESTOR's engineers shall sign an inspection certificate in duplicate and each party shall keep one copy.

Article 6 **Delivery of Equipment**

1) SINO shall purchase from INVESTOR the equipment necessary to produce the PRODUCTS.

2) Details of items and specifications of the equipment are shown in Appendix 5.

3) Details of prices of equipment which SINO shall purchase

from INVESTOR, shall be determined between SINO and IN-VESTOR and contract(s) for equipment shall be signed separately.

4) Equipment delivered by INVESTOR shall be of latest type and brand new.

5) Settlement for the cost of the equipment delivered by IN-VESTOR to SINO shall be by Irrevocable Letter of Credit at sight, CIF a China port in US currency.

6) INVESTOR shall deliver equipment as per delivery schedules, in accordance with this Contract.

7) INVESTOR shall offer SINO the technical information concerning the equipment, as per stipulated by this Contract.

8) Official delivery dates of equipment shall be the dates on bills of lading. INVESTOR shall inform SINO of the bill of lading numbers, execution dates, packing list, arrival dates, etc. without delay. At the same time INVESTOR shall send duplicate of the documents on which above information is described.

9) In case equipment and technical information, which are requested in the Contract, are found missing, SINO shall be able to request INVESTOR for replacement.

10) INVESTOR shall deliver equipment by rigid packing to endure a long distance transportation.

11) INVESTOR's packing list for the deliveries shall bear the following:

a. Contract No.

b. Consignee's name

c. Destination

d. Shipping mark

e. Weight

f. Case numbers

g. Consignee mark

12）INVESTOR shall include duplicate of details of the content in the packing.

Article 7 Acceptance of Equipment

1）SINO shall prepare facilities and place to receive the equipment delivered from INVESTOR and store it.

2）INVESTOR shall despatch engineers to SINO within three weeks after SINO's request for installation and testing of the equipment arrived. In this instance, SINO shall provide necessary assistance like interpreter, etc. for INVESTOR.

3）INVESTOR's engineers' stay at SINO, in this instance, shall be two（2）weeks.

4）Acceptance test of the delivered equipment shall be carried out by engineers from SINO and INVESTOR as well as surveyor from China. Details are shown in Appendix 6.

5）In case initial test is unsatisfactory, a second test shall be carried out. If the second test is again unsatisfactory, INVESTOR shall replace the equipment involved at its own cost, within two months after the second test.

6）In case test results are satisfactory, SINO and INVESTOR shall sign a test certificate in duplicate and each party shall keep one copy.

7）Stay expenses of INVESTOR's engineers despatched to SINO for installation and test shall be all borne by INVESTOR.

...

译文：

技术转让和设备材料进口合同

中国广播产品进出口公司和广东省优良广播产品厂（以下简称"中方"）与荷兰对外先进广播有限公司（以下简称"投资人"）和意大利兴隆贸易有限公司（以下简称"GIT"）签订本合同，其条款如下：

第一条　技术转让

1.中方为在广州生产投资人的甲型和乙型产品而引进必要的技术，这些产品以下简称为"产品"。

2.投资人应中方要求按合同提供其拥有的制造产品所需的技术和资料。

3.产品的名称规格详见附件一。

4.投资人应向中方提供制造产品所需的贸易秘密、制造技术和专有技术方面的资料。投资人向中方提供的资料详见附件二。

第二条　设备规划

1.中方必须按照投资人的建议准备产品生产设施。

2.为了帮助在广州准备生产设施，投资人应提供援助，包括供应下列资料：

（1）生产线计划；

（2）生产劳动力安排计划；

（3）设备布局计划；

（4）基础设施计划（如水电供应、空调、运输、通讯等）；

（5）设备安装操作计划；

（6）生产管理计划；

（7）推销计划。

上述资料应于本合同生效后60天内由投资人提供给中方。

3.生产线必须符合附于本合同的生产细目表，即附件三（略）。

4.中方应自行准备生产计划，但必要时可要求投资人给予合作。

第三条　许可费的支付

1.投资人向中方转让技术的许可费如下：

（1）中方各投资人购买产品生产权应交入门费……美元。

（2）每件出售的产品应向投资人交付售价3％的提成费。

2．一切付款应按照本合同及本条款的有关约定事项办理。

3．一切付款应通过中国银行办理。

4．支付方式采用不可撤销的即期信用证，用美元支付。

5．中方应在本合同生效后1个月内，开立不可撤销的信用证向投资人支付入门费。

6．投资人应在收到上述信用证后30天内提供合同规定的一切技术资料。

7．中方每次向投资人订购合同规定的材料时，应在信用证的金额中加上3％的提成费；也可在支付货款时，为该提成费另开一份信用证。

8．中方负责在中国发生的一切费用；投资人负责在国外发生的一切费用。

第四条　销售

1．投资人应帮助中方举办展销会、研讨会、广告宣传等，以推销中方生产的产品，但费用应由中方负担。

2．在开展广告宣传等活动中，中方如有需要可以使用投资人的广告标识，但投资人既不分担中方的盈亏，也不对此承担责任。

第五条　质量控制

1．在广州制造产品的质量必须按照投资人的质量控制标准进行鉴定。

2．广州制造产品的质量检验，在开始阶段应由双方工程师联合进行，其细节详见附件四（略）。

3．广州制造产品的质量检验必要时应进行两次。如果第二次检验未能达到规格指标而且原因又是在投资人方面，则投资人应自费解决存在的问题。

4．如果品质检验合格，双方工程师应签署品质检验证明书一式两份，每方各执一份。

第六条　设备交货

1．中方应向投资人购买生产产品所需的设备。

2. 生产产品所需设备的品名、规格详见附件五（略）。

3. 中方向投资人购买设备的价格细节由双方商定，并另签设备购买合同。

4. 投资人运交的设备应该是新型的、未用过的。

5. 投资人向中方运交设备的价款应以不可撤销的即期信用证按 CIF 中国口岸条件用美元支付。

6. 投资人应按本合同的交货计划表运交设备。

7. 投资人应按本合同的规定，向中方提供与设备有关的技术资料。

8. 设备正式交货日期为提单的日期。投资人应将提单号码、装船日期、装箱单、抵达日期等及时通知中方。同时，投资人还应将上述资料单据副本寄给中方。

9. 合同规定的设备和技术资料如有遗失，中方得要求投资人补交。

10. 投资人运交设备应使用坚固的包装，足以经受长途运输。

11. 投资人的装箱单应写明：

a. 合同号码；b. 收货人姓名；c. 目的港；d. 装船唛头；e. 重量；f. 箱号；g. 收货人标记。

12. 投资人应将装货内容清单的副本放入包装内。

第七条　接受设备

1. 中方应准备设施和场地以接受和保管投资人运来的设备。

2. 投资人应在中方提出对运到的设备进行安装和调试的要求后 3 周内派出工程师。中方应就此事向投资人提供翻译之类的必要帮助。

3. 投资人的工程师应为安装调试任务停留两周。

4. 运交设备的验收工作，应由双方工程师和中国检验官员一起进行，详细规定见附件六（略）。

5. 如果初次检验不合格应进行第二次检验。如果第二次检验仍不合格，则投资人应在 2 个月内自费调换有关设备。

6. 如果检验合格，双方应签署检验证明书一式两份，每方各执一份。

7.投资人派往中方安装调试的工程师的居留费用均由投资人负担。

……

四、科技文体翻译实践

(一)翻译方法简述

1.词汇的翻译方法

(1)科技术语的翻译方法

科技术语的翻译一般可以采用直译、音译、形译等方法。

科技英语中有的词在进行直译时,需要对其属性等做进一步的说明,所以译者在翻译时应将其译准确,译到位。例如:

biochips 生物芯片

break-even analysis 损益平衡分析

e-commerce 电子商务

e-currency 电子货币

genetic engineering 基因工程

ground-to-air missile 地空导弹

third-generation mobile 第三代移动电话

ultra short wave 超短波

wide area network 广域网

专有名词在科技英语中的使用非常频繁,翻译这些专有名词时多采用直译法。特别是这些专有名词中起标志性作用的地名或人名以及一些产品、设备、商标等。采用音译法利于保持专有名词原有的特色。例如:

Bushel 蒲式耳

Pound 磅

Dyne 达因

Watt 瓦特

Ampere 安培

clone 克隆（高科技产品名称）

在翻译科技词汇时，译者为了更好地表达某些词的形象，会使用一些字母或词来对其进行描述。例如：

G-line G 线

J-particle J-粒子

O-ring O 形环

Q-meter Q 表

S-turning S 形弯道

T-square 工字尺

U-steel U 形钢

（2）科技词汇翻译中的变通手段

在翻译科技词汇时，译者可以使用转换法、省译法、增补法等变通手段。

在翻译词汇时，各种词类如名词、动词、形容词、介词、副词等都可以在语义对等的前提下转换词性，从而改变句子的结构，使句子更加顺畅、自然。例如：

The theory greatly facilitated the interpretation and prediction of properties of organic compounds.

这一理论，在很大程度上有助于解释和预测有机化合物的性质。

由于英汉语言的表达存在较大差异，科技英语的翻译需要将原句中省略的内容进行增补，以使译文更加符合汉语的表达习惯。例如：

The temperature needed for this processing is lower than that needed to melt the metal.

这种加工方法所需的温度低于熔化该金属的温度。

翻译过程中还可以省略原文中不必要的冠词、代词、介词、连词、动词等。例如：

The expenditure of energy of one kind in any process involves the production of an equivalent amount of energy of other kinds.

任何过程中，一种形式的能量耗损都会产生其他形式的相等的能量。

2. 句子的翻译方法

（1）被动句的翻译方法

第一，译成主动句。被动句译为主动句的方式共有三种：英语主语译成汉语主语、英语主语译成汉语宾语、增加代词或用地点状语作主语。

英语主语译成汉语主语。例如：

The pressure that makes electrons flow along wires is called "voltage".

使电子沿着导线流动的压力称为"电压"。

While a current is flowing through a wire, the latter is being heated.

电流流过导线时，导线就发热。

The problems must be tackled before a chain reaction starts.

这些问题必须在连锁反应开始之前得以解决。

The experiment will be finished in a week.

这项实验将在一周后完成。

英语主语译成汉语宾语。例如：

Tremendous research work is required to bring about such fantastic speeds.

要达到如此神奇的速度，需要进行大量的研究工作。

The problem was then attacked by Torricelli.

后来托里拆利着手解决这个问题。

此外，还可以增加代词，或用地点状语作主语。例如：

Magnetism has been known for over 2,000 years.

人们对磁性的认知已有两千多年了。

Electric power is used in factories to drive machinery.

工厂利用电力驱动机械。

第二，译成被动句。将英语被动句译成汉语被动句时，除了可用"被……"的表达方式外，还可用"由……""遭……"等。例如：

How long will it be before black and white sets are found only in the museum?

还要经过多久，黑白电视才会被送进博物馆呢？

Transformer cores are built from laminated silicon steel.

变压器铁心由硅钢片制成。

The screen is coated with chemicals that give off light when struck by the beam.

屏幕上涂有化学药品，在遭到电子束撞击时即可发光。

It took 200 years for this idea to become accepted by most scientists.

这一设想过了200年后才为大多数科学家所接受。

第三，译成汉语的无主句。科技汉语中常使用动宾结构的无主句。科技英语中的被动句经通常示一种普遍的情况或客观真理，与作为动作执行者的人没有太大关系，或者适用于任何人，或者无论谁来都会产生相同的结果。例如：

The unpleasant noise must bc put an end to.

必须立即终止这种讨厌的噪音。

In the watch-making industry, the tradition of high precision engineering must be kept.

在钟表制造业中，必须保持高精度工艺的传统。

第四，译成汉语的判断句。英语的被动句还可以译成汉语的判断句，如"……是……的""……的是"。例如：

Produced by electrons are the X-rays, which allow the doctor to look inside a patient's body.

电子产品的是 X 射线,它使医生能透视病人的身体。

This kind of device is much needed in the mechanical watch-making industry.

这种装置在机械表制造工业中是很需要的。

3. 长句、复杂句的翻译方法

(1)顺序法

如果科技英语长句的叙述层次是按照一定的顺序或逻辑关系展开的,与汉语表达习惯相同或者相似,那么就可以按照原文的层次进行翻译。例如:

If such alloys possess other properties which make them suitable for die casting,they are obvious choices for the process,because their lower melting point will lead to longer die lives than would be obtained with alloys of higher melting points.

如果这类合金具有使它们适于压铸的其他性能,它们显然可以用来压铸;它们熔点较低,因此比起高熔点合金来可以延长压铸模寿命。

Once the researchers understand how shark brains work,they may be able to use the electrodes to mimic stimuli,effectively feeding instructions directly into the fish's brain.

一旦科研人员弄清楚鲨鱼大脑是如何工作的,他们或许就能利用电极来模仿这些刺激,从而有效地把指令直接输入鲨鱼大脑之中。

Parents who use television as electronic baby sitters often fail to develop effective ways of shaping their children's behavior.

把电视作为孩子"保姆"的父母往往寻找不到塑造孩子行为的有效途径。

But it is realized that supplies of some of them are limited, and it is even possible to give a reasonable estimate of their "expectation of life", the time it will take to exhaust all known sources and reserves of these materials.

可是现在人们意识到，其中有些矿物的蕴藏量是有限的，人们甚至还可以比较合理地估计出这些矿物"渴望存在多少年"，也就是说，经过若干年后，这些矿源的全部已知储量将消耗殆尽。

（2）分译法

在科技英语长句中，有时主句和从句的关系并不密切，这就可以将从句当成单独的句子拆开进行翻译。分译主要是为了化长为短、化整为零，使译文连贯、完整。例如：

The law of universal gravitation states that every particle of matter in the universe attracts every other with a force which is directly proportional to the product of their masses and inversely proportional to the square of the distance between them.

根据万有引力定律，宇宙中各个质点都以一种力吸引其他质点。这种力与各质点的质量的乘积成正比，与它们之间距离的平方成反比。

Each cylinder is encased in a water jacket, which forms part of a circuit through which water is pumped continually, and cooled by means of air drawn in from the outside atmosphere by large rotary fans worked by auxiliary motors.

每一个汽缸都用一个水套围着，水套构成了回路的一部分。水泵驱使水在回路中不停地流动，并由外面鼓进空气使水冷却。鼓风用的大型旋转风扇是由辅助电视机带动的。

It is because of the close association in most people's minds of tools with man that special attention has always been focused upon any animal able to use an object as a tool, but it is important to realize that this ability, on its own, does not necessarily indicate any special intelligence in the creature concerned.

正是由于在大多数人头脑中工具与人类的密切关系，人类才特别关注可以把物体当工具使用的任何一种动物,但值得注意的是,这种能力就其自身而言,并不表明这种动物有什么特别的智慧。

（3）合译法

合译法是指将两个或两个以上的单句合译成一个单句,或把主从复合句或并列复合句合译成一个单句。例如：

Full attention must be paid to theoretical research in the natural sciences, including such basic subjects as modern mathematics, high energy physics and molecular biology. Negligence in this respect will make it impossible for us to master and apply the results of advanced world science and technology and properly solve important problems in our construction.

要充分重视自然科学理论包括现代数学、高能物理、分子生物等基础理论的研究,忽视这一点就不能掌握和运用世界上先进的科学技术成果,不能很好地解决我国建设中遇到的问题。

（二）翻译实践

（1）原文：

Surveying Natural Resources

（1）This section deals with natural resources such as minerals, water and energy. The United Nations family has considerably increased its activities in the field of natural resources and is intensifying its efforts to secure the application of modern technology to resources development. New approaches are also being explored, such as the preparation of projections combining work on related but different groups of resources.

（2）The United Nations Secretariat is organizing training programs in the field of natural resources for personnel from developing countries, mostly through regional and inter-regional seminars. These seminars are also a useful means of transferring advances in technology to developing countries. They have covered such topics as cartography in relation to development, desalination, energy policy and geochemical techniques in mineral exploration.

（3）The Secretary-General has prepared a five-year survey program which is designed to contribute to the development of natural resources by indicating economic and technologically-advanced approaches to the exploration and assessment of these resources. The proposed program consists of nine surveys in the fields of mineral resources, water resources, energy and electricity, as follows:

①In the field of mineral resources, a survey of off-shore mineral potential in developing areas, a survey of world iron-ore resources, a survey of important non-ferrous metals and a survey of selected mines in developing countries with a view to increasing ore reserves and production through the application of modern technology.

②In the field of water resources, a survey of water needs and water resources in potentially water-short developing countries and a survey of the potential for development in international rivers.

③In the field of energy and electricity, a survey of potential geothermal energy resources in developing countries, a survey of oil shale resources and a survey of the needs for small—scale power generation in developing countries.

（4）Each of the nine proposed surveys would have two objectives: first, to provide significant new information, ideas and approaches on the natural resources potential of each developing country concerned, and secondly, to gather data that would produce a world-wide perspective of the long-term potential availabilities and needs in the selected areas. They would also be useful in preparing and selecting projects for submission to multilateral or bilateral sources of technical and financial aid.

译文：

调查自然资源

（1）本文所述及的，是有关矿物、水和能源等自然资源方面的问题。联合国成员国已大大地增强了在自然资源方面的各项活动，正力促把现代技术应用到资源开发上去。同时还探索着种种新的途径，比如把制订规划和彼此有联系、但又互有差别的各类资源的有关研究结合起来。

（2）联合国秘书处正在为发展中国家派出的人员制订自然资源方面的训练计划。计划主要是经由区域性的和跨区的讨论班，来付之实施的。这类讨论班也是一种把先进技术传授到发展中国家去的有效方法。讨论班有各种论题，比如与资源开发有关的制图学、海水淡化、能源政策，以及探矿中应用的地质化学技术等。

（3）联合国秘书长准备好了一份五年调查计划，打算采用经济上合算的、技术上先进的方法来对自然资源进行勘探和估价，从而为这些资源的开发做出贡献。该计划包括矿物资源、水资源、能源和电力方面的九点调查内容，分述如下：

①矿物资源方面：调查发展区域内近海大陆架的矿藏；调查世界铁矿资源；调查重要的有色金属情况；调查发展中国家选定的矿山，要着眼于应用现代技术来找出矿物的新贮藏量，并提高其产量。

②水资源方面：调查有可能缺水的那些发展中国家的需水情况和水资源；调查国际河流的开发潜力。

③能源和电力方面：调查发展中国家潜在的地热能源；调查油页岩资源；调查发展中国家对小型发电设备的需求情况。

（4）上面所提出的九项调查，每一项都有两个目的：其一是对每个有关的发展中国家的自然资源潜力，提供具有重大意义的新情报、新见解和新方法;二是搜集数据。这些数据,从该选定区域长期的潜在效力和需求来看,可能出现一种具有全球意义的远景前程。上述九项调查,在准备和选定项目时,对于提出多边或双边技术援助和财政援助的要求,也会是有用的。

（资料来源:谢小苑,2010）

（2）原文:

The Color of the Sky

By Alfred Russel Wallace

If we look at the sky on a perfectly fine summer's day we shall find that the blue color is the most pure and intense overhead, and when looking high up in a direction opposite the sun. Near the horizon it is always less bright, while in the region immediately around the sun it is more or less yellow. The reason of this is that near the horizon we look through a very great thickness of the lower atmosphere, which is full of the large dust particles reflecting white light, and this dilutes the pure blue of the higher atmosphere seen beyond.

And in the vicinity of the sun a good deal of the blue lights is reflected back into space by the finer dust, this giving a yellowish tinge to that which reaches us reflected chiefly from the coarse dust of the lower atmosphere. At sunset and sunrise, however, this last effect is greatly intensified, owing to the great thickness of the strata of air through which the light reaches us. The enormous amount of this dust is well shown by the fact that only then can we look full at the sun, even when the whole sky is free from clouds and there is no apparent mist. But the sun's rays then reach us after having passed, first, through an enormous thickness of the higher strata of the air, the minute dust of which reflects most of the blue rays away from us, leaving the complementary yellow light to pass on.

Then, the somewhat coarser dust reflects the green rays, leaving a more orange-colored light to pass on; and finally some of the yellow is reflected, leaving almost pure red. But owing to the constant presence of air currents, arranging both the dust and vapor in strata of varying extent and density, and of high or low clouds which both absorb and reflect the light in varying degrees, we see produced all those wondrous combinations of tints and those gorgeous ever-changing colors which are a constant source of admiration and delight to all who have the advantage of an uninterrupted view to the west and who are accustomed to watch for those not infrequent exhibitions of nature's kaleidoscopic color painting.

With every change in the altitude of the sun the display changes its character; and most of all when it has sunk below the horizon, and owing to the favorable angels a large quantity of the colored light is reflected toward us. Especially when there is a certain amount of cloud is this the case. These, so long as the sun is above the horizon, intercept much of the light and color; but when the great luminary has passed away form our direct vision, his light shines more directly on the undersides of all clouds and air strata of different densities; a new and more brilliant light flushes the western sky, and a display of gorgeous ever-changing tints occurs which are at once the delight of the beholder and the despair of the artist. And all this unsurpassable glory we owe to dust!

译文：

天空的色彩

艾尔弗雷德·拉塞尔·华莱士

晴空万里的夏日，如果我们观察一下天空，且背向太阳极目远望，就会发现头顶上空的蓝色最为纯净浓郁。靠近天边的地方色彩往往比较暗淡,而太阳周围的地方则略呈黄色。这是因为我们向天边望去时目光要穿过一层极厚的低空大气层。低空大气层中所布满的颗粒较大的尘埃会反射白光,这就冲淡了高空大气层中纯净的蓝色。在太阳附近,大量的蓝光被细微的尘埃反射回天空,所以,由低空大气层粗粒尘埃反射到地面的光线便带有浅黄色。

在日出日落时,由于光线到达地面需要穿过厚厚的大气层,这种反射效果大大增强了。只有在这种时候我们才可以直视太阳,即使是万里长空没有一点云彩,没有一丝雾霭。这就充分显示了低空中尘埃的数量之大。但是,太阳的光线在到达地面之前首先要穿过厚度极大的高空大气层,其中的细微尘埃把大部分的蓝色光反射掉了,仅让属于互补色的黄色光继续通行。接着,粗粒尘埃又将绿色光反射掉,让偏橙色的光继续通行;最后,部分黄色也被反射掉了,剩下的几乎是纯红色。

不过,由于不断出现气流,把尘埃与水汽广度不均.密度各异地分层排列,加上高低空常有云层,不同程度地吸收并反射阳光,我们这才看到各种奇异的色调斑驳陆离,诸多绚丽的色彩变化万千。任何人只要有幸将西天的景致一览无余,只要有心观看大自然不时展现的那一幅幅瞬息万变的彩画,都会为之赞不绝口,喜不自胜。随着夕阳缓缓西坠,这种景观也不断变幻,尤其是在太阳沉入地平线之后,由于角度更加适宜,五颜六色的光都反射到地面上来。

若有些许云雾,情况更是如此。本来,只要太阳还在地平线以上,云雾便截住了不少阳光和色彩。而夸太阳已从我们的视野消失,阳光便会更直接地照射到密度各异的重重云霭与大雾的底部;一片崭新和更加灿烂的阳光染红了西天,呈现出一幅色彩绚丽、变化万千的景观。观赏者固然赏心悦目,丹青手则只好自叹莫如。而我们之所以能领略如此无与伦比的美景,全应归功于尘埃。

第七章　英汉口译研究

口译是不同语言文化交际时的重要方式,同时也是翻译的重要组成部分。对英汉口译的研究能够提高翻译研究的全面性,对翻译教学也有着重要的影响意义。

第一节　口译理论研究

口译是一门综合性的学科,涉及很多不同的学科,如语言学、社会学、心理学、跨文化交际学等。因此,在对口译进行研究的过程中众多学者形成了不同的观点与理论。下面列举口译研究中影响较大的几个理论。

(1)法国的释意派理论。20世纪70年代法国翻译理论家达尼卡-塞莱丝柯维奇(Kopczynski)创立了释意派理论。这个理论认为口译应该以释义为基础。也就是说,翻译的过程应该注重"意义"(meaning),反对绝对的形式性翻译——词对应(word by word)的翻译。

释意派理论把口译过程分为三个阶段:理解源语,脱离源语语言外壳和译语表达。其中脱离源语语言外壳是该理论的特色。目前,释意派理论的研究代表是巴黎高等翻译学校。

(2)口译理论中影响较大的理论还有以吉尔(Gile)为代表的跨学科实证研究。这种理论研究认为口译理论不应该遵循单一的研究方式,应该结合认知心理学、语言学、社会学等学科进行综合性、实证性的研究。

(3)口译神经心理学研究(neurophysiological approach)也是

口译研究中的重要理论。这个理论将口译时译员的脑神经反应作为研究重点。

（4）信息处理范式（information processing paradigm）也是较有影响的口译理论。该理论重视源语和译语间的信息传递。

我国很多学者也对口译理论进行了关注，其中较受国内学者重视和支持的理论是释意派理论。学者鲍刚、蔡小红、刘和平等都曾赴巴黎高等翻译学校进行相关理论的学习工作，对释意派理论在我国的广泛传播做出了突出的贡献。但是需要注意的是，我国的口译研究尚处于发展阶段，很多研究成果不够成熟，缺乏相应的实证研究。但是随着社会的发展，对口译展开研究与教学势在必行。

第二节　口译的概念

在对英汉口译教学进行研究之前，首先需要对口译的相关概念有所了解。下面介绍一下口译的定义、类型、过程、标准、特点及口译与笔译的异同。

一、口译的定义

顾名思义，口译就是口头性翻译，指的是通过口头形式将语言信息转译为另一种语言，从而达到沟通和交流的目的。从宏观的角度出发，口译活动主要包括三个要素：不同语言背景下的交际双方和口译人员。

需要注意的是，英语口译活动并不是简单的形式翻译，而是一种带有宗旨性、积极性、创造性的译语活动。口译过程中，译者不仅需要考虑交际情景、话语的上下意义、语体含义，同时还需要考虑文化背景等因素。因此，可以说译者在跨文化交际过程中起着重要的桥梁作用。

综上所述,口译是一种综合性的交际活动。口译过程中包含着语言活动、社交活动、文化活动和复杂的心理活动。了解了口译的定义,在进行口译实践的过程中,就需要译者进行灵活把握,从而顺利完成翻译任务。

二、英语口译的类型

英语口译根据分类标准的不同,可以有不同的分类方法。从一般意义上说,英语口译主要有三种分类方式:"形式分类法""任务分类法"和"方向分类法"。

"形式分类法"是根据口译的操作形式进行分类;"任务分类法"是根据操作内容进行分类;"方向分类法"是根据传译方向的不同进行分类。

(一)形式分类法

根据口译形式的不同,口译主要可以分为以下几种。

(1)交替口译(alternating interpretation)指的是译员先后使用两种语言为不同文化背景下的交际双方进行轮回式的口头翻译活动。

(2)接续口译(consecutive interpretation)指的是在翻译实践过程中译员将交际双方的话语以意群或句子为单位进行口头翻译的形式。

(3)同声传译(simultaneous interpretation)也称"同步传译",是指译员在不打断说话者演讲的情况下,将其讲话内容不停顿地传译给听众的口译方式。

(4)耳语口译(whispering interpretation)是一种用耳语的方式将一方的讲话内容轻轻地传译给另一方的口译方式。

(5)视阅口译(sight interpretation)又称"视译",是指以阅读方式接收信息,以口头方式传出信息的口译方式。

（二）任务分类法

根据口译任务的不同，其划分方式可以有以下几种。

（1）导游口译（guide interpretation）包括旅行过程中的口头翻译活动，如接待翻译、游览翻译、陪同翻译、购物翻译、参观翻译等。

（2）礼仪口译（ceremony interpretation）指的是在一些礼仪场所进行的翻译活动，包括开幕式、闭幕式、礼宾迎送、招待会等。

（3）宣传口译（information interpretation）包括国情介绍、机构介绍、政策宣传、广告宣传、促销展销、文化交流、授课讲座等活动的口译。

（4）会议口译（conference interpretation）包括记者招待会、学术研讨会、商务会议、国际会议等活动的口译。

（5）谈判口译（negotiation interpretation）包括商务谈判、外交谈判、双边会谈、国事会谈等活动的口译。

（三）方向分类法

根据翻译活动的方向，可以将口译分为单向口译和双向口译两种。

（1）单向口译（one-way interpretation）指的是口译的来源语和目标语固定不变，译员只需要将一种语言转译成另一种语言即可。

（2）双向口译（two-way interpretation）是指作为口译源语和目标语的两种不同语言交替出现。这就要求译员必须具备熟练而又快捷地转换语言的能力。

三、英语口译的过程

英语口译不同于笔译，有其独特的特点。学者朱梅萍曾经指出，"口译的过程是一个在瞬间完成的有机整体，可分解为以下四个基本步骤：听解（听和理解）、记忆、转换、表达，可用四个字形象地概括为听（listening）、记（memorizing）、思（processing）、表（delivering）。"❶

需要注意的是，英语口译过程中的四个步骤需要在同一个时间段内交替进行。因此，英语口译的这种特点就要求译者在理解交际者信息的同时进行思维的建构与理解，并对话语进行加工，从而用译语进行有效翻译。从这个意义上看，英语口译是一个多任务同时进行的活动，属于较为复杂的一种思维模式。下面对英语口译的四个步骤进行分析。

（1）听解（听和理解）。听解是英语口译的第一步，在这个过程中译者对交际话语的意义进行理解和思维加工。听解是口译过程的先决条件，同时也是口译下述过程的前提。

（2）记忆。英语口译中的记忆过程指的是将听解过程中的交际信息进行收集记忆，从而为下一步的转换做准备。口译信息的记忆可以有"脑记"和"笔记"两种形式。但是需要注意的是，这两种形式的划分只是相对于其在记忆中的比重而言的。在实际的英语口译记忆中，一般都是两种记忆方法相结合，脑记的比重大则为脑记形式，笔记的比重大则为笔记形式。记忆的内容主要包括交际信息的概念、论点、主题、逻辑关系等。口译的记忆要注意采取网状式的整体记忆方式，尽量不要采用点状式的局部记忆方式。

（3）转换。英语口译中的转换指的是对源语信息的识别、解析及重构，即对记忆信息进行解码和编码处理。解码指的是译员从听解到的源语的信息当中获取语言形式和非语言形式的各种信息。编码指的是将来源语进行解码后以目标语的形式表达出来。

（4）表达。英语口译中的表达是口译过程的最后一步，指的是将编译后的信息以口译的形式进行表达。表达阶段是对口译

---

❶　朱梅萍.商务英语口译[M].北京：外语教学与研究出版社，2009：3.

过程的验收。成功的口译的标准是译者能够对交际信息进行准确和流利的表达,因为只有口译的表达既准确又流利才能保证交际双方的交流顺利进行。

四、英语口译的标准

英语口译带有"现时""现场"和"限时"的特点,因此对口译的检验也不同于传统意义上的翻译。不同的学者对检测口译的标准都有着自己的看法。

来自法国的口译理论研究者塞莱斯科维奇(D. Seleskovitch)认为口译的标准是"达意"和"通顺"。

李越然认为口译的标准可以概括为"准确""通顺""及时"。

学者鲍刚从我国国情出发将口译标准概括为"全面""准确""通顺"。

王斌华对口译标准的阐述更加具体,即"准、整、顺、快"。"准"指译语要忠实于原文,同时要注意口译符合文化性;"整"指传译信息的完整度,至少应达到源语信息的 80% 以上;"顺"指译语要通顺流畅,表达要准确到位、层次分明、逻辑清晰;"快"指的是即时传译,保证双方的信息传递流畅进行,避免延误。

总而言之,口译是一种实践性很强的技能,在双语交际活动中,能否达到交流的目的是衡量口译的终极标准。

五、英语口译的特点

英语口译不同于普通的翻译过程,其带有自身的特点。下面对其特点进行总结分析。

(一)压力较大

从一般意义上说,英语口译的现场都较为庄重,因此对译员的心理素质要求较高。如果译员过分紧张,就会影响其自信心,从而导致口译过程的失误。

口译人员的心理压力是其口译质量的重要影响因素。若其压力过大,便不能对瞬息万变的现场环境迅速做出反应。在这种情况下,译员有可能都达不到平时应该达到的标准,更不要谈对口译锦上添花了。

了解了口译的这个特点,译员在平时训练过程中,译员就需要有意识地锻炼自己的心理能力,从而能够从容地面对日后的翻译实践。

(二)信息多样

在日常的翻译实践过程中,面对的翻译主题是纷繁复杂的。随着中外交流范围的扩大,口译的领域也在不断扩展。在多种信息交杂的翻译实践下,对译员的素质要求也会有所提高。

此外,在国际交流的过程中,交际者可能来自不同的文化背景,因此说话的语速、口音、表达方式也有所不同。英语口译实际的多层次传播渠道和复杂的信息来源既为口译人员提供了一定的信息,同时也带来了很大的困难。如何提高译员对信息的把握力和交际的灵活力,成为了口译教学中应该注意的问题。

(三)综合性强

口译带有很强的综合性,集听、说、读、写、视等为一体,是一种综合性的语言应用和操作活动。

"听"是指口译译员能够听取不同文化背景下或不同口音、语速的交际人员的话语的能力。

"说"是指译员能够熟练地使用译入语和母语进行交替的双向翻译的能力。

"读"是指译员在视译过程中能够对交际信息进行快速地阅读和理解的能力。

"写"是指译员在口译过程中能够熟练使用双语进行速记的能力。

"视"是指译员对交际双方的面部表情、手势、情绪等变化因素进行捕捉和观察的能力。

综上所述,英语口译是一种综合性的交际活动,这种综合性对译员的要求提高,需要译员进行相应的练习活动。

(四)译员任重

口译在很大程度上都是译员的个体性活动,因此需要译员具有很强的独立操作力。口译的这个特点也给译员带来了很大的压力。

在实际的口译过程中,译员一般都是孤立无援的,他们不能去翻阅资料或者进行求助,在一些严肃场合更不可能要求交际者重复自己的话语。在这种情况下,译员需要独立解决口译过程中的问题,同时还要进行准确的翻译工作,不能随意乱翻。因此,译员任务重是英语口译的一大特点。

六、口译与笔译的异同

不管是笔译还是口译都会经历一个从理解到表达的过程,它们均是将人们想要表达的思想内容从一种语言转换成另外一种语言。口译与笔译的相同之处是都需要在理解、分析原文的基础上重新组织,然后用另外一种语言进行表达活动。口译和笔译在长期发展的过程中积累了各种技巧,如笔译中的词性转换、增减词、正说反译、分译等技巧,这些技巧在口译中也很适用。可见,口译与笔译存在较多的共性。

但是,作为两种截然不同的翻译方式,二者自然存在着一定的区别。口译是一项十分特殊的语言交际活动,其中涉及大量的听力理解、记忆和口头表达活动。正确地认识口译和笔译之间的区别,将利于我们更好地开展翻译活动。下面就详细分析口译与笔译的差异。

(一)工作方式上的差异

顾名思义,口译就是现场的口头翻译;而笔译则是书面的翻译,二者在工作方式上就有较大的差异。下面是一些学者对于口译与笔译差异的观点。

杨思堂、姚秀清(1993)认为:"口译工作总是在很短的时间内完成的,有时甚至是同步进行的。笔译人员由于不受时间的限制,可以借助工具书等,选择最恰当的措词。口译人员必须独立工作,而笔译人员的工作却可与人合作完成。"

王学文(2001)提出:"笔译通过'读'理解原文,获得信息,译者有较充分的时间对翻译中难点进行思索。口译通过'听'理解原话,获取信息。译员要在听完讲话人的话后立即用目标语言(target language)表达出来(接续翻译),甚至一面听一面翻译(同声传译)。"

钟述孔(2001)强调:"同笔头翻译相比较,口译的一个突出的难处在于,译员在进行口译时,没有反复推敲的时间,更没有时间去查阅词典或工具书等;若担任同声传译,译员必须边听边说,甚至没有思考的时间。"

李芳琴(2002)指出:"口译一般是即兴的、现场的、短时的有时甚至是同步的工作;笔译对时间和地点没有特殊的限制。……口译主要通过'听'来理解说话人的意思,获取信息;笔译是通过'读'来理解作者的意思,获取信息。口译是边听边译,笔译可以通读全文(书),然后再着手翻译成目标语言。"

苏长青(2003)就此论题发表观点道:"口译是即席性很强的语言符号转码活动。与笔译不同,口译往往存在很强的场景压力。"

梅德明(2012)提出,"口译是一种具有不可预测性的即席双语传言活动。这导致了口译与笔译在空间因素上也存在很大的不同。笔译的空间地点可以由译者本人自由安排和选择,但口译的空间地点通常是在公众场合,如礼堂等地方。"

可见,操作方式的不同导致了口译和笔译之间产生了巨大差异。结合上述学者的观点,本书将口译与笔译在工作方式上的差异总结为如下几点。

1.工作时间上的差异

从工作时间上看,口译的工作时间要比笔译受到的限制更大。由于口译工作具有即时性的特点,这就需要口译任务必须在极短的时间内完成。这也决定了口译人员可以使用简单的句子来表达译文观点,只要把发言人的思想准确传递给听众即可。因此,译员在口译过程中会选择第一个出现在脑海中的词语,且使用比较简单的句子结构,通常避免使用复杂句式。另外,在口译实践过程中,译员会因时间上的限制,无法参考任何文件、资料或词典,也不能求助于其他专家、学者,所以在这种高强度的工作条件下,对口译的质量不可太苛刻,只要达到"信、达"即可。

相反,笔译工作一般不会受时间条件的限制。笔译人员可以在充足的时间内使用各种参考资料和工具书协助翻译,可以选择最恰当的翻译方式,所以笔译效果比较有保证。另外,笔译人员还有多余的时间用于美化译文的句子,采用并列、复合等句式,以及比喻、排比等修辞方式来使得译文更加优美。最后,笔译人员在遇到翻译障碍时也可以求助他人,或者将译文给一些资深的专家进行校正。

2.工作场合上的差异

口译和笔译的工作场合不同。

(1)口译工作总是在公众场合如会场等地方进行,因而口译工作者要面对众多的听众。例如,在国际商务会展中,口译人员要面对大量的客户,故口译人员必须要有从容面对听众的良好心理素质,克服怯场心理。要想提高临场的心理素质,平时就要多加练习。

(2)与口译人员的工作场合不同,笔译人员可以随心所欲地选择场所,可以在图书馆、资料室、书房等处静心地工作。

3.获取和输出信息的方式上的差异

口译与笔译获取信息和输入信息的方式有较大差异。

（1）口译主要通过"听"获取信息并领会讲话的内容，之后通过"说"的方式，用另一种语言快速、准确地表达出来。

（2）笔译则主要通过"读"获取信息并理解原文，然后经过琢磨、推敲后，通过"写"的方式使用另一种语言将原文忠实、通顺地翻译出来。

可见，"听"是口译获取信息的，"说"是输出方式；而"读"是笔译获取信息的方式，"写"是其输出信息的方式。

（二）语言运用上的差异

在语言运用上，口译与笔译也存在较大差异。下面先来看一些学者对二者差异的看法。

李芳琴（2002）认为："口译在用词上偏重口语化的词，笔译往往用书面语居多。口译多用简单语法、简单句子和简单结构，以减少句法上的错误和口误。笔译可以视需要而定，选用适当的句子结构，可以用复杂的长句。口译应少用被动语态，笔译不作此要求。"

何刚强（2003）指出："笔译的过程完全是一个推敲的过程，甚至可以说是一个反复推敲的过程。与笔译不同的是，口译应当口语化，对于句子的形式表现的要求就可以更加宽松，人们讲话（作口语交际）时所表现的种种特点就应当允许保留。""口译和笔译可以有许多不同之处，但一个最大的区别就在于：口译是一种口头表达，是在讲话，因此就必须尽量口语化。"

侯国金（2004）提出："口译侧重口语上的扎实功底，口译用语多口语化；笔译要求具有扎实的写作和阅读技能，用语多书面化。"

吴冰（2004）指出："笔译使用书面体语言，口译使用口语体。……口语体不等同于非正式语体。……口语体与书面体不同的特点不仅表现在语音、语法、词汇和句子结构等各个层次中，而且还受交际对象是否在场、谈话是否事先经过准备、交际对象是否参与谈话以及谈话的公开程度或在场人数多少等四个因素的影响。"

樊恒夫、辛柯(2004)认为:"口译使用的工作语言一般要用口头语体(spoken style),而不能用笔语体(written style)。……在词汇方面,口语体通常采用许多使用频率较高的常用词,及单音节或少音节的小词(small words),而不用大词(big words)或生僻难词。……在句法方面,英语口语体的句子比较简短,结构也比较松弛、灵活。"

综上所述可知,口译的语言通常具有口语化倾向,用语方面比较简洁易懂,句子以简单句居多;笔译语言较正式,句子严谨,结构比较复杂。例如:

南北之间的贫富悬殊还在加大,富的国家越来越富,而穷的国家却更穷。

笔译:The gap between the North and the South continues to widen,with the rich countries becoming richer and the poor poorer.

口译:The gap between the North and the South continues to widen. The rich countries are becoming richer and the poor poorer.

下面就从用词和句法两个层面分析口译和笔译在使用语体上的不同表现。

1.用词上的差异

在很多情况下,口语和书面语的用词大相径庭。例如:

口语	书面语
to see	to be hold
to ask	to interrogate

口语和书面语之间存在一定的区别,前者一般是事前有构思,后者常常是自发的。写作时,有时间思考、推敲、斟酌词语、讲究修辞,使文章更有文采,更有感染力或说服力,甚至必要时作者可以改写或全部重写。但在说话时,人们的话和思想是在谈话过程中出现的。事先既没有构思,也没有经过推敲,在表达一个思

想或说一个句子中间往往有犹豫不决、改变主意、省略或重复词语或句子的现象，通常使用简单、常说、容易想到的词语。口语过程中总是想不到要"润色"就脱口而出了。

口语和书面语的用词不同。这并不是说口语中的用词不能用在书面语中，书面语的用词不能用于口语，而是口语用词用于书面语有时会显得不正式，而书面语中的常用词用于口语中也会显得古怪。因为口语的目的是为了交际，为了让人一听就明白，如果使用一些不常用的词，使得所说的难以理解，那么口语就失去了其意义。例如：

我干了一天活，累得连炕都上不去，浑身疼得要命，睡也睡不着。

这个句子非常口语化，其笔译的句子如下：

I was so fatigued after a day's drudgery that I found it very hard to mount the kang. My whole frame aching acutely, I could not go to sleep, however hard I tried.

这种翻译是非常准确得体的，但如果口译人员也这么译就会特别别扭，因为句中的 fatigued, drudgery, mount, frame, acutely 以及 however hard 都是书面语，不适合用于口译中，口译人员可以把这句话译为：

I was so tired after a day's work that I could hardly get on to the kang. As my whole body ached like anything, I simply couldn't get to sleep even if I tried to.

综上所述，书面语和口语有着各自的特点，前者是有准备、有计划的，而后者则是无准备、无计划的。因此，书面英语结构严谨，时而有来源于拉丁语的大词，句子也比较严谨复杂，而且往往用修辞手段使文章更生动。口头英语有时条理不清，句子结构比较松散；有时甚至"不合语法"，常用不完全句和省略句，经常用口语词和俚语词。

2. 句法上的差异

在句法上，笔译趋向于使用结构显得更复杂、严谨的句子，而口译译员则更趋向于使用简单句。事实上,口译译员在口译过程中应尽量用简单句,而不是复杂的长句,这有两个好处。

(1)简单句符合说话的习惯。

(2)用简单句可以避免口译中出现句法上的差错,而复杂的长句常常使译员出差错或口误。

下面具体分析口译与笔译在句法上的差异。

(1)对简单句的翻译不同。例如:

I am very glad to hear that the contract has been signed only after two rounds of discussions.

如果是笔译可译成:

我很高兴地听说只经过两轮谈判,合同就签下来了。

但如果是口译则要译成:

听说只经过两轮谈判,合同就签下来了,我感到很高兴。

(2)对于复杂句的翻译不同。对于复杂句的翻译口译一般也将其翻译为简单句。例如:

Now the superpowers have been exposed to the charge that they reserve their nuclear weapons for the revolutionary people of the world.

这个句子很长。其中,that引导的从句不是修饰charge的定语从句,而是名词从句,作charge的同位语,应译为"……受到这样的指责,即……"。口译译员如用长句翻译,一不小心就会误译成:

现在超级大国已受到他们储存核武器是为了对付世界革命人民的指责。

如果译员能把长句分成几部分,就不难把句子正确地译为:

现在超级大国已受到这样的指责,即他们储存核武器是为了对付世界革命人民。

因此,口译工作和笔译工作思路截然不同,做法相距甚远。鉴于此,我们应该用更加合适的标准来衡量口译的质量。

（三）翻译标准上的差异

笔译过程中,人们一般以严复的"信、达、雅"作为翻译标准。

当然,这些标准同样适用于口译。二者在翻译标准上的差异是口译更侧重要求"流利",而笔译则更突出"准确"。

梅德明(2000)提出,"如果说'准确'是笔译的基本要求,那么'流利'则充分体现了口译的特点。"

苏长青(2003)认为,"口译是达到交际目的的工具,工具的生命在于其效用和效率。工具很有效用,但有效用而无效率决不是好工具。"

可见,与"准确"相比,"流利"在口译中更加重要。口译的现场性、现时性、即席性、限时性等因素要求口译的过程不宜长,节奏不宜松而应该比较紧凑。尽管口译表达无须伶牙俐齿、口若悬河、能言善辩的演说才能,但是口译表达的基本构成要素却包括了口齿清楚、吐字干脆、音调准确、择词得当、语句通顺、表达流畅等,而笔译译文水平的高低则更大程度上决定于其准确性。

(四)对译员素质要求上的差异

下面来看一些学者、著作对口译与笔译在译员素质要求上差异的观点。

王学文(2001)指出,"口译难度大,对译员的要求高。译员的记忆力要强,口齿要清楚,要做到说话干净利落不啰嗦,语调自然,语速适宜声音大小适中。"

李芳琴(2002)阐述道:"口译工作需要口译者具有深厚的知识和语言功底,临场发挥的能力,遇变不惊,遇难不怕,以不变应万变的泰然处之的心理素质,良好的举止仪态和健康的身体。笔译者也需要深厚的知识和语言底蕴,但是由于不在现场,可以轻松自如地进行,不一定讲究自己的仪表和仪态,不一定需要临危不惧的心理素质。"

梅德明(2003)分析道:"口译人员必须具备清晰、流畅、达意的表达能力;必须有一个敏捷、聪颖的头脑,具备良好的心脑记忆能力、逻辑思维能力、辨析解意能力和应变反应能力;必须具有高尚、忠诚、稳重、谦虚的品格和大方素雅、洁净得体的仪表。"

吴冰(2004)指出:"口译工作者和笔译工作者不同,是直接涉外的,因此要求他具备涉外工作人员应有的素质:热爱祖国;身体健康、心理素质好;还要懂得外事礼仪、社交礼节,体态举止端庄大方、不卑不亢,衣着得体。与笔译不同,口译译员应具有应变能力和良好的口头表达能力。"

樊恒夫、辛柯(2004)补充道:"口译译员应该培养和磨练自己的思维反应能力和逻辑辨析能力,具有敏捷聪慧的头脑,具备良好的心脑记忆能力以及手笔速记能力;具备健康的体魄、旺盛的精力和良好的耐力,以应付长时间的高度持续紧张状态;同时着装庄重认真,仪态动作礼貌有度,乐于当好'配角'。"

任文(2013)认为,"口译与笔译相比较而言,对译员的要求更高一点,一名优秀的口译人员需要具备很高的综合素质和能力,如扎实的双语基本功、熟练的口译技能、过硬的心理素质、深厚的文化素养、广阔的知识面、良好的职业道德、丰富的翻译理论以及坚定的意志品质。"

可见,笔译译员需要具备广博的知识,扎实的语言功底,爱岗敬业精神;而口译译员除了具备笔译译员的必备素质之外,还有着更多的要求。由于口译是一种高强度的脑力劳动,这就需要译员要听力好,理解力强,记忆力佳,反应能力快等,任何一项能力的缺陷都会制约其顺利完成口译任务。而笔译却没有那么高的要求,其主要涉及理解能力和书面表达能力。

第三节　口译的技巧与策略

口译是体现译者英语技能的重要方式,同时也是检验译者翻译能力的重要标准。翻译和英语技巧息息相关,同时面对复杂的翻译活动,译者还需要灵活使用相关策略。本节就对口译的技巧与策略进行总结与分析。

一、口译的技巧

与笔译不同，在进行口译实践过程中，译者需要在了解口译特点的基础上，使用相应的口译技巧，从而保证翻译活动的顺利进行。

（一）口译听解的技巧

口译在本质上是一系列的听解活动，因此需要译者掌握听解的技巧，从而提高翻译的有效性。

1.听取信息

（1）全神贯注并且积极地听。口译中的"听"不是普通意义上的"听"，它是口译中一切信息的来源渠道并且只有一次听的机会，所以口译员必须做到全神贯注，不受外界干扰。另外，口译员还应保持听的积极性，也就是说，译员必须对源语信息进行积极的加工，分析源语信息的意义，将源语信息的要点进行归纳综合，然后才开始进行记忆、转换和表达。这里需要强调的一点是，口译中听的是源语信息的意义而不是外语学习者所听的语音、语调、用词等语言构成。

（2）加大听力训练，熟悉不同语音。当口译员听一门外语时，最大的难度在于外语信息的获取方面，特别是听力水平较差的人，这样就容易造成听信息时的心理压力，因此加大听力训练非常有必要。对于听力训练，有四点是需要引起注意的。

第一，听力训练材料要具有多样性，要广泛包含政治、经济、文化、社会、商务、科技等多种类型的话题，又要包含新闻、对话、演讲、致辞等多种类型的体裁。

第二，训练材料的语音要全面。不同国家或地区存在着发音差异，所以训练材料既要包括标准语音也要包括非标准语音。据不完全统计，有一半使用英语的人来自于非英语国家，他们的语音常带有地方口音。

第三,进行训练时要注意捕捉要点,就是指抓住讲话的实质内容,而不是单个词语,因为口译的本质是传递语言的意义而不是语言本身。在口译过程中,每分钟有 150 个词进入耳中,一个词在头脑中的时间不足四秒,更别谈七八个以上的词群同时储存于记忆中。当句子消失后,两分钟长的话语都难以记住,然而口译员却需要在几小时之后仍然能提取这两分钟的话语内容,所以关键是要捕捉要点而不是做到词语之间的完全对等。

第四,听力训练的基本方法有五种:大量地听,促成听力技能从量到质的飞跃;精听泛听相结合;养成听入时关注信息提取和意义理解的习惯;养成边听边做笔记的习惯;影子训练法,即一边听录音,一边用源语或译语跟读复述。

(3)全局把握,灵活处理生词。在听入的时候,由于语速快、口音重、信息密集、外界干扰或译员自身原因,常常有一个或几个词没听清楚。这时候,如果在没听清楚的地方停留思索很久,那么后面更多的信息就丢失了。这种做法只是孤立地听单词和句子,而忽略了全局。口译不是字词的对译,而是传达意义。所以,在有某些信息没有完全听明白的情况下,译员应该拥有良好的全局观,保持镇定,继续听取后续内容。我们可以采取以下办法来处理没听清楚的部分。

第一,模糊处理或跳过非核心词。如果这些没听清楚的词语不影响对语篇的理解,纵然忽略它们,也不会造成口译的失败。例如,"It's a little expensive to join sports clubs nowadays. Usually you pay 100RMB joining fee and then 700~800RMB for the annual subscription fee."在这句话中,如果听到 subscription(订购服务费),却不能立即反应出它的含义,便可以直接跳过,将整句话译作"现在加入健身俱乐部可不便宜。通常要付 100 元的入会费,还有七八百元左右的年费。"

第二,可根据上下文来猜测部分生词的意思。例如,"There are a lot of improvements the Theatre Redevelopment Programme is trying to bring. The first thing is that the wall will be repainted in green. Then the box office will be reoriented, with its own access from the side of the building. "如果听到 reoriented 这个词时不能马上理解它的意思,可以根据上文的 improvements 和下文的 access from the side of the building,将该词的意思猜测为"重定方位的、改变方向的"。

(4)合理预测。在听入时,口译员应通过了解口译情景及说话人的背景,预测其讲话的逻辑发展。跟上了对方的讲话思路,就能大大缓解"听"的心理压力,口译的效率和准确度都能得以提高。要做到合理预测,译员应了解常用文体的逻辑发展。例如,演讲稿通常遵循一定的逻辑分类,多按照引言、主体部分和结论的顺序发展。再例如,叙述性话语的结构大多遵循时间线索或空间线索,先做一个概括说明,主要是交代事情发生的时间、地点和人物,然后情节一步步地展开,进而出现高潮,最后出现结局。预测分为语言预测和非语言预测两种。

语言预测是根据词的搭配、句子结构、交际语境等语言知识来预测还未听到的信息。任何语言都具有相应的句法,如 title 的后边是名词或形容词,不可能是动词;口译"中国政府将采取一切措施来解决这个问题"时,当译员听到"采取"二字之时,他会预测接下来要出现"措施"或"办法";当听到"解决"时,能预测后续的内容包含"问题"。

非语言预测是根据百科知识、专业知识、情景知识等非语言知识预测讲话的目的、内容和结论。这要求口译员了解讲话人的身份和背景,准确的预测能让译员和讲话人的思路同行,从而更好地理解讲话内容。例如,在口译某个主题前,译员可以通过查阅网站或者图书了解口译的论题、内容、名称、术语,给接下来的口译做准备。这样一来,即使是译员有个别词语没听懂,也可以根据话语语境、交际环境和主题对话语预测内容,从而确定意义。

2.分析信息

译员在听入信息以后,应当立即对所听到的信息进行编码加工,形成自己的理解。经过加工的信息在短期记忆中通常保持得更久,这就能提高口译的准确度。基于口译的本质特征,译员分析信息时应主要从两个方面出发:一是句子,二是语篇。

(1)句子分析。面对一个句子,我们首先要清楚句子的主干,即了解主、谓、宾分别是什么。另外,还要明白哪些词是句子的重点信息,如数字、时间、地点、原因、方式、专有名词等。例如:

在当今经济全球化的过程中,自由贸易协定成为诱人的贸易手段,因为它们通过降低签约国之间的关税提供了市场准入的机会。

面对这样一个句子,首先是抓其主干,即"自由贸易协定成为诱人的贸易手段"。然后再确定重点信息,如大背景是"经济全球化",原因是"提供了市场准入的机会",方法是"通过降低关税",限定词为"签约国之间的"等。进而我们可以进行如下口译:

In the process of economic globalization today, free-trade agreements are attractive trade tools because they offer market access through lowering tariffs between participating nations.

(2)段落篇章的整体分析。要分析语篇,首先要理清逻辑层次,也就是能做到在听完一篇讲稿后概括出说话人的中心思想,然后围绕这个中心思想去分析说话人从哪几个方面进行说明,每一个方面又具体谈到哪些要点,对每一个要点又如何进行阐述。简单地说,就是明晰以下五个"W"问题:发言人是谁?发言的主题是什么?发言的场合是什么?听众是谁?发言属于什么类型的讲话?信息型,说服型还是纪念型?

其次,还要分析句子之间的逻辑关系,这就需要我们注意过渡词的使用。例如:

分类关系:to divide … into, to classify … into, to group … into, there are … kinds of 等。

顺序关系：first，second，third，next，then，at last，before，prior after，afterwards，once，meanwhile，previously 等。

空间关系：above，on top of，over，at the bottom，under，beyond，below，beneath，on the left，ahead of，in front of 等。

因果关系：because，since，as，due to，as a result，owing to，so，thus，hence，therefore，consequently 等。

转折关系：although，as，even though，in spite of，despite，while，but，yet，whereas，however，nevertheless 等。

并列、递进关系：in addition，furthermore，also，moreover，besides，what's more 等。

列举关系：for example，for instance，for one thing，for another 等。

总结概括：to sum up，in summary，in conclusion，in short，in a word，on the whole，as noted 等。

（二）口译记忆的技巧

口译中的记忆有两种表现：一是必须记住大量的常用词汇，二是必须在分秒之间将几分钟的话语翻译出来。因此，口译员的记忆是需要努力训练的，训练方法主要有以下七种：（1）使用分类法记忆单词；（2）在阅读和听力中总结大纲并列标题，然后依据大纲或标题填充内容；（3）对比分析同一文本中不同事件的异同点；（4）根据顺序过渡词和空间过渡词回忆事件进展的脉络；（5）回忆并描述某个物体或某个场景；（6）强记练习，是指利用形象记忆、逻辑记忆、连锁记忆等方法强迫记忆；（7）逻辑整理练习，即听入一些不连贯且没有逻辑的语言材料，然后将其整理成连贯、有逻辑的文章。

（三）口译笔记的技巧

笔记是帮助口译员记忆的重要补充手段。口译笔记和课堂笔记或会议记录大不相同，非常简洁概括。口译笔记是口译员在专心听入的同时,将讲话的主题、要点、涉及的日期、地名、人名等重要信息用简单的文字和符号记录下来的过程。口译笔记一般要遵循以下几条原则。

(1)少写多划。首先要提的是画线,画线比写字快,并且线条较为形象,有助于口译员一看笔记,就能口译。在两种情况下应该尽量使用线条:第一种是表示动作和动态的词句,如以上升的斜线代表"发展""增加""进步""进一步",以下降的斜线代表"减少""下降""恶化"等;第二种是表示因果或前后关系的词句,如用一条线代表"因为/所以""……之后""在……之前",以体现出上下前后之间的关联性。除了画线,还可以巧用符号,符号书写快且灵活形象。一些固定的线条和符号已经被口译界广泛接受,所以口译员可以大胆地借用它们形象地表达意思。

(2)缩略书写,少字多意。在汉语中,有大量的常用词汇是由两个字或多个字来表达的,因此要逐渐形成用一个字代表一个词的习惯。例如,用"中"代表"中国",用"北"代表"北京"。英语单词同样可以简写,用 poli 代表 politics,用 gov 代表 government。另外,还要培养看到一个字能说出几个字的能力,如听到"改革开放"时,只记一个"改"字就可依靠短时记忆想起源语。下面就列出英语口译中经常出现的单词缩写。例如:

ad—advertisement

aft—after

APEC—Asia-Pacific Economic Cooperation

avail—available

bike—bicycle

BTW—by the way

c. f. —compare of

CAN. —Canada

DIY—do it yourself

Dr. —doctor

e. g. —for example

E-b—E-business

Eng. —English

esp. —especially

exam—examination

exc—excellent

exch—exchange

exp—experience

GNP—gross national product

gym—gymnasium

HK. —Hongkong

hr. —hour

impt—important

JP—Japan

K. —king

lab—laboratory

ltd. —limited

mod—modern

NPC—National Petroleum Council

NY—New York

oft. —often

phone—telephone

photo—photograph

poss—possible

PRC—the People's Republic of China

prof—professor

Rd. —road

shd—should

ST—street

tel. —telephone

telly—television

trans—transport

trd—trade

UK—the United Kingdom

US—the United States

usu. —usually

U—you

vet—veterinarian

VOA—Voice of America

vs. —against

wk—week

yr. —year

(3)使用象征符号,提高笔记效率。例如:

→表示"出口、输出、出国、打入、开放、抵达、派往、派遣、前往、运往、到达、导致"

←表示"进口、收到、回到、回归、来自、源于、回到"

↑表示"上升、上涨、增长、增加、提高、发展、升值、扩大、加强、发射、起飞、升空、提拔、晋升"

↓表示"下降、减少、下跌、贬值、扣除、削减、跳水、降职、轰炸、情况恶化"

+表示"加上、另外、除此之外"

−表示"减去、缺乏、缺少"

×表示"不是、不对、没有、错的、坏的、不对的、不好的、臭名昭著的"

=表示"等于、相当于、一样、是……的对手、势均力敌"

≠表示"不等于、不是……的对手"

≈表示"大约、左右、相当于"

>表示"大于、好于、胜过、优于、超过、越来越……"

≥表示"多于等于或大于等于"

<表示"小于、少于、次于、不如、逊色"

≤表示"少于等于或小于等于"

∵表示"因为、由于"

∴表示"因此、所以、结果"

∑表示"总合、总数、总共"

√表示"同意、正确、肯定、赞成、支持、好、对、著名"

∽表示"交流、交换、替代、相互"

△表示"重要、优秀、最好"

//表示"终止、停顿、停止"

∈表示"属于"

&表示"和、与……一起、陪同"

⊙表示"会议、开会、讨论、谈判"

☆表示"最佳的、杰出的、优秀的、重要的、榜样"

°表示"人"

><表示"对立、冲突"

：表示"说、讲、告诉、认为、宣称、声明、抗议、譬如、像"

? 表示"问题、疑问、问"

±表示"不准确、可能"

‖表示"但是、然而"

□表示"国家"

□/□表示"国与国关系"

…表示"等等"

↑表示"男性"

♀表示"女性"

（4）使用不完整句。通常情况下，人们在使用语言时，提供的信息往往多于实际需要。不完整句就利用这一点在不影响句意的前提下省略一些单词。需要注意的是，不完整句省略的内容应根据不同情况而有所不同，但不能省略主要信息；不能省略译者自身的弱项；也不得改变原句意思。下面就选取几个方面分析"不完整句"中各种成分的去留。

第一，实义动词的去留。实义动词通常不是冗余信息，对于由时态、语态或语气引起的词形变化，译者在记笔记时可依据前面提到的三条原则进行恰当处理。例如：

The student on duty didn't clean the classroom yesterday.

笔记中可记为：

Stu dty×cln clsrm ytday.

第二，系动词的去留。记笔记时省略系动词一般不影响句子含义。例如：

Video games have become more and more popular in recent years.

笔记中可记为：

V games＞＞pop now.

第三，介词的去留。介词的情况较为复杂，in the factory，be apply to sb. for sth. 等短语中的介词都是冗余信息，笔记中可省略；call on，call for，under/on the table 等短语中的介词是有效信息，不能省略。此外，笔记中的介词省略问题应注意以下两点。

属于 *vt.* ＋*adv.* 的词组，如 give up，make up 中的 up 为副词，不能省略。

在特殊情况下，译者可用简单符号来表示冗余介词。例如，at the meeting 可记为→mtig。

第四，冠词的去留。一般情况下，英语中的冠词都是冗余的成分，可以省略。例如，the longest 可记为 longest。但在以下几种情况中，冠词不宜省略。

对一些冠词意识淡薄的译者而言，笔记中最好不要省略冠词。

诸如 a little，a few 等经常出现而又语义相近的短语表达，冠词不能省略。

第五，名词复数的去留。名词复数形式中的 s 与冠词情况类似，其省略情况可参照冠词省略的做法。但有一点不同的是，名词复数出现时通常是不完整词，这时应省略 s。例如，hills 在笔记中可记为△。此外，不完整句中以下两种冗余信息也应省略。

限定词，尤其是物主代词。

解释中的 the expression,the word,the verb 之类。

(5)使用不完整行。不完整行是指每一行不必写到底,只选取其中关键信息记录即可。使用不完整行的目的是使笔记更有条理性。这样的笔记不仅便于复习,也便于整理。例如:

Music and dancing are very popular in West Africa. They are an important part of daily life. There are really two types of African music:traditional village music and pop or popular music. Pop is newer or more modern than the traditional music.

笔记中可记为:

Mus & dnc-pop→WAfr-imptn-daily life.

Afr. mus-trdal mus. ＋pop mus.

Pop＞new＞modern.

(6)少横多竖。从上向下的阶梯结构能够体现出上下文的逻辑结构,从而简化口译员的思维过程,使其方便快速地输出译文。

(7)减笔连笔,快速书写。笔记只要自己看得懂便可,所以口译员在做笔记时尽可能在自己明白的前提下减少笔画、理顺笔画,以便做到一笔成字。汉字是一种形象的表意文字,减笔、连笔后,并不影响识别,英文的连写更是普遍现象。从笔画的省力程度上来说,口译笔记宜多用英文书写。

(8)明确结束。当说话人说一段,停下来让口译员译一段,然后再继续说时,上一段话和下一段话之间必须有明确的界限,上一次的结束点就成了下一次口译的开始点。如果笔记是从一页纸的中间开始记的,而且这段笔记可能需要两三页纸那么长,最好具体标明这次翻译内容的起始,以免混淆。

(四)数字口译的技巧

口译中经常会遇到用数据表明观点的情况,想要快速而准确地记忆大量数字的确不容易,必须掌握一些基本技巧。

1.熟读英汉语单位数字的读音

要想准确而快速地口译数字,就必须熟悉英汉数字的读法差异。首先,要明确英语以三位数为单位而汉语以四位数为单位,然后牢记每种单位的读法。例如,英语中由小到大依次是 thousand,million,billion;汉语使用的是十进制,其基本单位是十、百、千、万、十万、百万、千万、亿、十亿……,而对于大数字,我们可以按照四位数的规律来划分单位,由小到大依次是万、亿。5678120000 在汉语里读作五十六亿七千八百一十二万;如果译成英语,先按"三位数"划分为 5,678,120,000,读作 five billion,six hundred and seventy-eight million,one hundred and twenty thousand。

其次,要注意听准 teen(十几)和 ty(几十)。teen 和 ty 是在做听力时容易混淆,但是二者在重音和音素上存在差异,含有 teen 的词有两个重音,teen 要重读,且 teen 中的元音为长元音,发音长而清晰;而含有 ty 的词只有一个重音,ty 不重读,且 ty 中的元音为短元音,发音短而急促。

2. 年、年代、世纪的读法

作为口译员,一定要熟悉年、年代、世纪的读法,否则会给口译带来诸多麻烦。

年的表达用基数词,两种读法分别是:

1701 读作 seventeen o one 或 seventeen hundred and one

2000 读作 two thousand

年代用"基数词的复数"来表示,前面与介词 in 和定冠词 the 搭配。

in the 1840s(19 世纪 40 年代)读作 in the eighteen forties

in the 1950s(20 世纪 50 年代)读作 in the nineteen fifties

在年代前分别加 early,mid,late 表示某年代的初期、中期、末期。例如:

in the early 1980s;in the late 1990s

世纪用 the+序数词+century 表示。例如:

in the 21st century 在 21 世纪

in the mid-18th century 在 18 世纪中叶

3. 分数、小数、百分数的读法规律

分数词是由基数词与序数词合成的,分子用基数词表示,分母用序数词表示,如果分子大于 1,分母的序数词要用复数形式。例如:

1/3 读作 one-third,7/12 读作 seven-twelfths,1/2 读作 a (one)half,3/4 读作 three quarters,2 1/2 读作 two and a half。

对于比较复杂的分数,用 over 来表示分数线,以便让听众能明晰分子和分母,如 20/87 读作 twenty over eighty-seven

小数点读作 point,小数点后的数字依次读,小数点前的数若为 0 读作 zero 或 not,也可略去不读;小数点后的 0 则读英文字母。例如:

2.468 读作 two point four six eight

0.157 读作(zero/not)point one five seven

百分数用 percent 表示。例如:

20% 读作 twenty percent

16.09% 读作 sixteen point o nine percent

(五)口译表达的技巧

1. 重视表达的连贯性

口译员在口译的过程中,要做到自己听懂的同时别人也能清楚明白,那是需要讲求一定的技巧的,连贯性是口译的基本标准。

首先,先将重要的信息内容传达给听众,即确定 5W+1H(六何)的优先级。

其次,多用意义明确的实词充当主干成分,避免使用过多意义含糊的虚词,如这样、那样、这个、那个等。

再者,注意句与句之间和段与段之间的连贯性,这主要通过过渡词来实现。例如,逻辑关系包括因果、条件、逆接、对比、限定,先后顺序包括顺接、转换(话题)、回顾(过去),增补说明包括添加、补足、解说、例示、换言、强调等。

2.注重产出质量

在口译中,口译员要有意识地注意口译的产出质量,通过不断提高自身的业务素质来实现对产出质量的自觉监控。关键是要抓住重点,不必太过强调细节部分。口译表达的产出质量包括以下三个方面。

(1)表达中必须要避免"嗯嗯啊啊"之类的词。

(2)不管是汉语还是英语都会不自觉地添加一些自己的词汇。例如,有的人在英语口语中常常不自觉地使用 actually,you know 等;有的人在说汉语时会输出一些无意义的句子,常常会用"问题"一词,如"恐怖主义是一个问题,这个问题需要解决。"有研究者认为,这些字眼能给译员一定的缓冲时间,但是口译员要注意不要让它们带来负面影响。

(3)语音语调是否让人信服。译员的声音听起来是否自信、确定,语调是否显得平淡、单调,这都是口译员需要随时监控的。

3.注意文化和礼貌

因为口译是一种跨语言、跨文化的交际活动,因此在口译时译员必须注意不同的文化习俗和礼貌。具体来讲,就是要注意不合译语表达习惯的说法和不够委婉的语气。

(1)注意不合译语表达习惯的说法。不同的国家、民族或地区有着不同的语言表达习惯。某个字眼或某个话语在一个国家是褒义的,而在另一个国家可能是贬义的。口译员如果不了解这些情况,在口译时便会出现纰漏,因而造成误会或交流冲突。只要不涉及政治、经济等重大问题,口译员就可以按照译入语的表达习惯灵活处理信息。例如,中国人迎接来宾时常常会说"一路上辛苦了,累不累?"而外国人喜欢别人觉得自己年轻而有活力,不喜欢被人认为体弱或有疲劳感,因此该句不能直译为"You must have been tired after the long journey?"而应该按照外国的表达习惯译为"Have you had a pleasant night?"

（2）注意不够委婉的语气。虽然人与人之间存在性格差异，有的人直率大方，有的人含蓄委婉，但是性格差异并不一定会对口译有影响。不管口译员是怎样的性格，口译中委婉语的使用是业务素质的体现。处处显得唐突，容易引起反感，进而给跨文化交流带来不必要的麻烦。曾有一位译员招呼外宾时，大声喊 Hello 而不说 Excuse me，在讲话时倾向于使用"Attention please"而不是说"Ladies and Gentlemen, may I have your attention please?"，其实听众对于前后两种表达的感受是不一样的，前者显得生硬，后者显得委婉有礼貌。再如，请求帮助时我们常用"你能告诉我到××地方怎么走吗？你能说英语吗？"若口译为"Can you tell me how to get …? Can you speak English?"别人会以为你是在下命令或者怀疑他的能力，can 表示能力，而 could 是它的委婉语气，所以最好译为"Could you please tell me how to get …? Do you speak Endish?"

二、口译的策略

在进行口译活动过程中，译者可以选择使用以下几种策略。

（一）释义策略

口译不是字对字的直译，而是传递整体信息的转换过程。所以在口译中，口译员不必逐一地寻找原文的对应翻译，否则就会不伦不类。这时，我们就要掌握释义的策略，它是指用解释的方法将源语的意思重新表达出来。之所以使用释义的策略，是因为交流双方在知识水平和语言文化上都存在差异。为了不造成交流障碍，在口译时口译员需要做恰当的解释。释义策略掌握得越好，在口译时就越得心应手。释义可以用三种形式来实现：词性变换、句子结构变换、拆句。当然，释义也要遵循一定的原则，主要有三个:(1)完整地进行解释,不遗漏信息;(2)不改变源语的意义;(3)不能为了解释而改变说话人的观点、态度。

发言人经常引经据典,还会使用诗歌成语,这些都是带有文化特色的语言现象,不可直译,此时释义策略就能发挥作用了。例如:

塞翁失马,焉知非福。

原译:When the old man on the frontier lost his horse, who could have guessed it was a blessing in disguise?

这样的口译使听众难以理解其真正的意思,因此用释义策略做如下口译:

A loss may turn out to be gain.

再如,"路漫漫其修远兮,吾将上下而求索",用释义策略口译为:The journey is long and I will go on walking ahead.

(二)意义对等策略

中西方国家的语言表达习惯及文化不同,中国人喜欢使用很多华丽的辞藻来给文章或发言增色,这时难免会出现多余的信息或者重复的内容,因此在口译时口译员必须在不影响原文意义的基础上,对原文进行概括、提炼,删除多余信息。例如:

……福建素有"海滨邹鲁"的美誉。历史上英才辈出,宋代著名理学家朱熹集闽学之大成的滔滔宏论,如黄钟大吕,际地极天,其讲学之地武夷山有"道南理窟"之誉。悠久的历史,发达的文化造就了叱咤风云、人共仰戴的英雄人物,李纲、蔡襄、李贽、郑成功、林则徐等硕儒名臣,如日中天,光耀千古。福建对外通商早,旅外华侨多,是海外 800 多万闽籍华人魂牵梦萦的故里门庭。月是故乡明,人是故乡亲。天涯羁旅,一朝还乡,缠绕梦中的故乡阡陌,将蜿蜒于您的足下……

这是一段语句华丽赞美福建省的好文章。但是,如果逐字逐句地进行口译,就必然使其特色丢失并且导致意义含糊,因此在省略部分多余信息并且重组后,可口译为:

Fujian has been famed as "The Land of Civilization" which has given birth to a highly developed culture and many men of letters with great fame in the long history. To naine a few, they are Zhu Ⅺ, Cai Xiang, Li Zhi, Zheng Chenggong, Lin Zexu … Among them, Zhu Ⅺ is especially worthy of mention as he is one of the four most influential Chinese philosophers who made a great contribution to this cause. Fujian is the famous hometown haunted by about 8 million overseas Chinese au over the world. In their eyes, the moon in the hometown is brighter and the folks there are dearer and closer.

在改革开放政策引导下的中国，气象万千，充满活力，不断进步，这些我们都已经强烈地感受到了。

We have acquired a keen sense of the diversity, dynamism and progress of China under your policies of reform and opening to the outside world.

译语仅用 3 个名词，表达了原文三个四字的短句，意义对等并且形式简洁。

（三）文化转换策略

口译的听众是以译入语为母语的人，所以口译有时需要在译入语的文化背景下进行，否则便难以将意义清楚地传达给听众。例如，口译"梁山伯与祝英台"时，借用了西方文化中的 Romeo and Juliet，译为 Chinese Romeo and Juliet；口译"诸葛亮"时，借用西方的概念 Solomon，译为 Chinese Solomon。接下来，再看一些例子。

这次大选，你是赞成布什总统，还是赞成克林顿？

From the current general election, who do you think will win, George Bush or Clinton?

政治在口译时是非常敏感的话题，在西方人眼里被认为是隐私，如果直接表达就显得不得体，所以口译员不能表露自己的政治立场,就将上面一句灵活地口译为"你看布什会当选,还是克林顿会胜出?"这样的译文避免了表露自己的立场。

I was told markeing managers in auto industry get paid high salary. Is that right?

我听说汽车业的营销经理薪水都很高,是这样吗?

上述原文涉及年薪收入的问题,而收入在西方被认为是个人隐私,所以不能直接提问,而上述口译就避免了这种尴尬。

I hope you wouldn't mind it if I ask you a personal question. I should think we must be about the same age. I'm in my early thirties.

希望您不介意我问你一个个人问题。我想我俩年龄相当。我今年三十多一点儿。

西方人忌讳直接问年龄,这是问年龄时的巧妙表达,给别人进退的余地。如果对方不介意,可能会说"Yes, I'm 32 actually.";如果不愿意说出具体年龄,可能会说"I'm a bit younger than that. But there's probably not too much difference."(我比你稍年轻一点儿,不过相差也不大。)

总之,由于英汉语言和文化的差异性,加之口译活动的即时性,带给了口译十分大的难度。这也在一定程度上说明进行口译研究与教学的重要性,译者了解口译的相关知识,并懂得在口译实践中灵活运用口译技巧与策略是口译活动顺利进行的重要保证。

第八章 英汉翻译教学研究

翻译能力的提高除了需要自身不断地练习与提高之外,还需要科学的教学进行指导。英汉语言与文化差异给翻译工作带来了很大的困难,在我国英语教学现状的影响下,进行英汉翻译教学成为了提高学习者翻译能力的有力途径。本章就对英汉翻译教学展开研究。

第一节 翻译教学及教学观

在进行翻译教学研究之前,首先需要对翻译教学的相关问题有所了解。本节主要介绍翻译教学的意义、内容以及基本观点。

一、翻译教学的基本问题

翻译教学是提高我国英语学习者翻译能力的重要手段,其带有十分重大的影响意义。在进行翻译教学中,教学者需要了解翻译教学的重点内容,从而科学设计教学活动。

(一)翻译教学的意义

翻译教学的展开需要学生掌握一定的语言知识,是在学生语言基础能力提高的基础上开展的教学活动。翻译教学的根本目的是提高学生的语言综合应用能力,其教学意义主要体现在以下几个方面。

1.加强学生的综合语言能力

英语教学包括听、说、读、写、译五项技能。翻译是其中的一项技能,而且被排在听、说、读、写之后,显示了翻译的难度和翻译对综合能力的要求与训练。

由于翻译教学涉及两种语言间的转换,在这一过程中,学生会不自觉地运用到之前学到的知识进行笔译或口译。

在笔译中,通过从原文的语音、语法、表层含义以及深层含义进行分析,有利于巩固学生的语音、语法、词汇、语义等方面的知识学习。在口译中,通过与对方进行交际,在分析原文信息的前提下将译文表述出来,这就锻炼了学生的听力能力、口语能力和翻译能力。总的来说,翻译教学有利于巩固和加强学生的综合语言能力。

2.增加学生的文化背景知识

在翻译教学中,教师除了进行单纯的翻译教学之外,还需要注重学生文化视野的扩大,教师既要介绍外国文化,又要将外国文化与中国文化进行对比,在对比中让学生明白中英文化的差异所在。这是因为,翻译不仅涉及两种语言之间的转换,而且包含两种文化的交流,译者若想译出高质量的佳作需要对目的语的文化背景知识进行充分、系统的了解。在这一过程中,通过不断地翻译训练与实践,学生的文化背景知识得到很大程度的提高。可见,翻译教学有利于增加学生的文化背景知识。

此外,教师还可以通过让学生阅读英语文学作品、报刊杂志,观看原版电影、录像、戏剧等去了解英语国家的文化,接受英语文化环境的浸润,在潜移默化中感受到英汉文化差异,以此来达到丰富学生的社会文化知识,从而推动翻译教学目标的实现。

3.提高学生的英汉语言修养

在翻译教学中,需要确保译文能够准确、完整地再现原文的意义,还要注意与原文在风格以及修辞手法等方面保持一致。这就需要注意培养学生的英汉语言修养。

在不同的文体中,需要注意保持不同的语言特色,如翻译科普类的文章时,译文要确保简洁、精炼,避免生硬、晦涩,让读者一目了然。学生在学习翻译的过程中,在翻译实践中经过不断地翻译训练与实践,能够不断地提高自身的英汉语言修养。

4.培养学生的跨文化交际能力

每一种语言都有着特定的交际模式。学生在对语言进行翻译时,不仅要掌握语言的基本知识,还要熟悉英汉语言的文化差异,遵循英语的交际模式。学生如果不了解英语语言的交际模式,即使具有丰富的英语语言基本知识,也很难进行地道的翻译,这样导致的结果则是不利于跨文化交际的顺利进行。

翻译教学中,教师不仅需要给学生讲解相关的翻译理论知识,还需要就英汉交际模式存在的差异给予说明,从而不断地培养和提高学生的跨文化交际能力。

5.满足社会对翻译人才的需求

在不同的时代,社会对英语人才的要求会有所不同,因此不同时代的英语教学要求也会有所不同。近年来,随着经济全球化的快速发展,跨文化间的交流日趋频繁,我国与世界各国之间的关系也日益密切,英语的作用尤其是翻译在跨文化交际中的作用越来越突出。翻译的流利、准确与否直接关系到国际间的交流与合作的顺利进行,因此 21 世纪的社会对高素质的翻译人才的需求变得更为迫切。

可见,在英语教学中开展翻译教学适应当今社会发展的需求,有利于满足社会对翻译人才的需求。

(二)翻译教学的内容

教师在进行翻译教学之前,需要结合学生特点和教学条件科学规划教学内容。大体上说,翻译教学的内容包含以下几个方面。

1.翻译基础理论

学生对翻译基础理论的掌握是其进行翻译实践的前提和基础。翻译基础理论可以在宏观上指导学生把握和决定组织译文的思路,进而在翻译中对原文采取相应的翻译策略,从大体上把握文章的整体风格。同时,翻译技巧还能在微观上指导学生对文章中的细枝末节进行一定的技巧性修改,从而达到完善译文的作用。

在学生最初接触翻译时,对其进行翻译基础理论的介绍和讲解分析,可以使学生树立科学的理论观,为以后的翻译实践打下良好的根基。在学生具备了一定的翻译基础理论之后,在进行翻译时,学生还能对翻译过程中所用到的一些翻译工具、翻译参考文献进行甄别和比较,从而选出适合自己译文的工具。

翻译基础理论知识包括:对翻译活动本身的认识、了解翻译的标准和原则、翻译的过程、翻译对译者的要求(即译者的素养),以及工具书的运用等。❶

2.英汉语言对比

在前文中已经提到英汉语言对比是翻译教学的基础,因此其是英语翻译教学的重要内容之一。英汉语言对比包括以下两个层面的比较。

(1)英汉语言在语义、词法、句法、文体篇章等语言层面的比较。

(2)英汉语言在文化、思维层面的对比,以便在翻译过程中完整、准确、恰当地传达出原文的信息。

3.常用的翻译技巧

翻译技巧就是为了保持译文的通顺,在内容大致不变的前提下,对原文的表现方式和表现角度进行改写的方法。

常用的翻译技巧有调整语序、转换词性、正译与反译、增补与省略、主动与被动、句子语用功能的再现等。

4.翻译实践

翻译实践指的是对如何进行翻译的教授,尤其是在翻译过程中如何在翻译理论的指导下进行翻译。因此,如何科学、合理地

---

❶ 高华丽.翻译教学研究:理论与实践[M].杭州:浙江大学出版社,2008:3.

构筑翻译学的理论体系,并尽快将其运用到翻译教学中,也是翻译学研究的重要课题之一。

总体来说,翻译教学的内容是一个融翻译基础理论、英汉对比、常用的翻译技巧以及中西文化于一体的动态教学系统。

二、翻译教学的基本观点

翻译教学是时代发展的必然产物,是促进国际交流、培养翻译人才的重要手段。但是需要指出的是,翻译教学并不完全属于语言教学的范畴。随着翻译研究的不断深入,翻译教学已从和语言教学有关的翻译行为中独立出来。❶

现如今的翻译教学已经具备了自身独特的教学理念、学科培养目标、学科教学内容。下面就对英汉翻译教学的基本观点进行分析和总结。

(一)明确翻译教学先导

在进行任何一门课程的教学之前,首先应该明确何为教学的先导,这一点在翻译教学中也不例外。英汉翻译教学的主要目的是培养英语翻译人才,其注重的是教学的实用性和科学性,因此其教学的先导就显得尤为重要。

1.明确翻译理论的重要性

翻译理论是翻译课程的先导,因此在英汉翻译教学实践中应该重视翻译理论的指导作用。但是纵观目前众多的翻译理论可以发现其存在着学派林立、理论繁杂的问题。如果对这些理论照单全收,则可能影响教学实践的效果,同时也偏离了翻译人才培养的正确方向。

同时学者何少庆指出,"很多翻译理论都是传统的理论,多来

---

❶ 何少庆.英语教学策略理论与实践运用[M].杭州:浙江大学出版社,2010:170.

自宗教和文学,相对来说比较缺乏实用性。"

学者陈善伟(2000)也指出,"据有关数据统计,大部分的翻译理论只适用于占每年翻译工作大概 4％的文学翻译,而占了超过 90％的实用翻译则在理论层面很少谈到。"

这个观点和数据充分表明了现阶段翻译理论与实践的脱离程度,甚至也在一个层面上指出了研究人员对翻译理论实践性的不重视。

2.翻译理论指导实际教学

在英汉翻译教学中,明确翻译教学的先导是教学理论十分重要。更为重要的是要以正确的、贴合实际的翻译理论指导翻译教学。

通过对翻译理论进行整合和总结,可以看出现阶段比较贴合实际的翻译理论是"翻译目的论"。

翻译目的论指出,决定翻译过程的是译文所要达到的预期目的与功能,而不是原文本对目的语读者所产生的影响,同时也不是译者赋予原文本的功能。

实用性的文本翻译大多带有现实性、功利性的目的。这种翻译目的的实现受到翻译委托人、目的语读者、文化背景、情境的制约。

翻译的目的功能是进行实用文体翻译的依据。在具体的翻译过程中,要注重将翻译理论与翻译实践进行结合。现阶段学生的英语翻译教学如果与学生的切身学习目的相结合,会在一定程度上提高学生学习的主动性与积极性,并能提高翻译理论的应用范围,促进翻译教学效果的提高。

(二)夯实翻译教学基础

翻译是两种语言之间的转换活动,在具体的翻译教学中,应该明确翻译教学的重点和基础。

1.夯实翻译基础的意义

英汉翻译教学中的教学基础是学生的英汉语言对比能力。所谓英汉语言对比能力指的是英语学习者对英汉语言之间的异同点的认识和运用能力。也就是说,在翻译教学中,要使学生能够掌握英汉两种语言之间的异同点,同时能够熟练地运用翻译技巧实现两种语言之间的转换,进而形成高质量的译文。

由于英语是我国的第二外语,因此中国的英语学习者缺乏一定的语言学习和使用环境。即使学生接受了英语教学,但是在平时的生活中也很少会主动使用英语进行交流。更有甚者,由于其英语基础薄弱,不能完全掌握英汉语言的异同,在使用英语进行交际的过程中,会不自觉地受汉语思维影响,从而说出不地道的"中国式英语"。例如:

对于 the milky way 的翻译,有一定的翻译基础的学生都会知道其正确含义是"银河"。但是在一些基础薄弱的学生笔下却被翻译为了"牛奶路"。这种翻译方式就是典型的生搬硬套的结果。英汉翻译教学除了要夯实翻译教学的基础,使学生具备语言正确转换的能力,同时还要培养学生的英语思维,使学生具备翻译出地道译文的能力。

2.翻译教学基础的内容

在了解了翻译教学基础的重要性之后,还需要对翻译教学基础的内容进行了解,从而有针对性的指导教学实践。

大体上说,语言对比的重点在于同中有异以及各有不同这两个方面。❶

(1)各不相同的方面。英汉两种语言中各不相同的地方有很多。英语属于印欧语系,汉语属于汉藏语系。同时由于中西方在语言使用习惯、风俗、文化、地域等方面的差异性,因此语言中出

---

❶ 何少庆.英语教学策略理论与实践运用[M].杭州:浙江大学出版社,2010:172.

现了很多带有自身特点的语言表达。总体来说,英汉两种语言的差异性主要有信息中心安排的不同;词汇的顺序不同;连接方式的不同几个方面。

(2)同中有异的方面。英汉两种语言的差异还体现在同中有异的方面。这就是说,两种语言有一定的相同点,但是在相同的基础之上又带有各自的特点。例如:

在英语和汉语中都存在介词的用法,甚至有些介词的使用方法也是相同的。但是仔细研究可以发现,汉语中的介词通常都是由动词进行转化而得来的,甚至有一些词汇很难确定其到底是介词还是动词。这一点和英语的介词有明显差异,英语中的介词和动词差异性十分明显,不存在区分不明的问题。

在英汉翻译教学中对英汉语言的这种差异也要引起注意,从而提高译文的准确性。

(三)提高翻译教学主干

在翻译教学中,其主干是英汉翻译技巧。在翻译教学中,学习翻译教学理论和英汉语言对比是进行翻译实践的前提,其目的是为了帮助学习者了解翻译的实质和原则,从而确立正确的翻译思路。但是在真正的翻译实践中,译者还需要在理论和基础的层面上,运用灵活的翻译技巧和翻译手法对译文进行分析和转译。

学者何少庆说过,"翻译课是以集成和传授前人已经总结出来的宝贵经验为其主要内容的,这些经验包括理解和表达两个方面,反映在翻译的方法和技巧之上。"[1]

(1)从句子形态上说:汉语的结构重心经常提前,这是由于汉语习惯于将修饰语、定语放在句子前面;英语的句子讲究平衡,不允许出现"头重脚轻"的现象,因此习惯于将较为复杂的成分放于句子末尾。在英汉翻译教学中,需要对这点引起重视,适当调整译文的顺序,从而翻译为符合译入语表达习惯的译文。

---

[1]　何少庆.英语教学策略理论与实践运用[M].杭州:浙江大学出版社,2010:171.

（2）英汉两种语言在词汇搭配上也存在着很多不同，因此在翻译过程中也需要使用恰当的翻译技巧进行处理。例如：

She tried to seem angry, but her smile betrayed her.

她假装生气的样子，可是她的笑容暴露了她的真实感情。（增词法）

在上述的例文中，如果将其直译为"她假装看起来很生气，但是她的笑容背叛了她"，虽然在理解上能够大致使人明白，但是在表达上却不十分符合汉语的表达习惯。在这种情况下，可以考虑使用增词法，将句子中所要表达的内涵增加出来，从而更加利于译入语国家读者的理解。再如：

The only cure for envy in the case of ordinary men and women is happiness, and the difficulty is that envy is itself a terrible obstacle to happiness.

对于普通人而言，治疗嫉妒的唯一方法是快乐，然而困难在于，嫉妒本身就是快乐的巨大阻碍。（减词法）

在对上文的例句进行分析的过程中，译者首先按照汉语的表达习惯调整了语序，然后将 ordinary men and women 减译为普通人，这样的翻译不仅没有减少原文的语义信息，同时还使句子简洁、明了。

上述只是简单列举了翻译技巧中简单的几个。在翻译教学实践和翻译学习过程中，教师需要多总结翻译技巧向学生传授，学生也需要在课下多多实践，从而不断提高自己的翻译能力。

（四）丰富翻译教学手段

翻译教学是我国进行翻译人才培养的主要手段，因此为了提高翻译教学效果，丰富翻译教学手段十分有必要。在英汉翻译教学中，其教学手段主要是分析综合。在实际的翻译过程中，译者经常会发现，一个句子可以有多种译法，这些译法可能都是语法结构正确、语序顺畅的句子，但是却总有一种译法是最适切的。而对译文的判断需要的就是译者的分析综合。

1.提高译者的文字功底

想要翻译出精准、流畅、高质量的译文,不仅要求译者头脑清晰、语言锐利,还需要译者具备深厚的文字功底。例如:

China is a very big country with a very big population.

原译:中国是一个很大的国家,有很多的人口。

改译:中国幅员辽阔,人口众多。

在原译文中,译者使用的是直译的方法,没有调整语序,几乎是按照原文一词一词的死译。这样的翻译虽然也能使读者理解,但是纵观整个句子却可以发现其表达啰嗦,同时缺少书面语的表达。因此在改译中,译者用书面化的语言将其译出,文字简洁、句意完整。这就提醒译者在翻译过程中,要注意对原文进行分析和整合,不能一味地直译、死译,要灵活选取词汇和翻译手段。

2.丰富译者的背景知识

一篇好的译文不仅需要译者有扎实的文字功底,还要求译者对两种语言的文化背景知识有充分地了解。在了解的基础上,译者还要对原文进行多层次、多角度的分析。

(五)重视翻译教学载体

在英汉翻译教学中,应该对翻译教学的载体——课堂翻译教学引起重视。

课堂翻译教学不仅是翻译教学的载体,同时还是学生进行翻译学习的主要和重要途径。通过课堂的翻译教学,教师能够将翻译教学的相关知识传授给学生。由于英语是我国的第二外语,因此学生的英语学习主要集中在课堂之上。课堂上教师对知识、技能、过程、方法与感情、态度以及价值观的引导和教授,是学生学习英语,甚至是接触英语的主要方式。

鉴于课堂教学的重要性,教师应该重视其影响作用,努力贯彻以实践为主、以学生为主的原则,在实际教学中对教学的五个环节高度重视。这五个环节为教师讲解、范文赏析、译文对比、学生练习和练习讲评。

上述五个环节中,除讲解主要由教师承担外,在其他四个环节中,讨论是组织教学的重要形式。讨论本身有不同形式:可以教师引导,学生讨论,也可以老师提问,学生作答,或者师生一起讨论等。通过讨论,可进一步发挥学生学习的主动性,使教师与学生、学生与学生相互沟通,最终使翻译的整体教学得以实现。

第二节　翻译教学的模式

在翻译教学中,可以采用多种翻译教学模式,下面我们主要对其中几种翻译教学模式进行分析和讨论,包括多维信息输入翻译教学模式、人本主义翻译教学模式、过程式翻译教学模式、实用性翻译教学模式和流程图式翻译教学模式。

一、多维信息输入翻译教学模式

多维信息输入翻译教学模式指的是在翻译技巧或翻译实践的教授过程中,教师利用数据库、多媒体、网络等现代教育技术,以教学内容为基础,进行直观并形象、生动的讲授的过程。[1]

(一)多维信息输入翻译教学模式的特点

多维信息输入翻译教学模式具有以下几个特点。

(1)翻译教学材料多维化。随着信息技术与现代教学工具的发展,多媒体技术也在逐步地运用到翻译教学中。这一变化趋势逐步拓宽了学生获取翻译知识材料的渠道和途径,学生不再仅仅从翻译教材中获取知识,还可从多媒体课件中获取形象、生动、丰

---

[1]　严明.大学英语翻译教学理论与实践[M].长春:吉林出版集团有限责任公司,2009:263.

富的视频资料。与此同时,翻译材料的内容也不再局限于文学翻译,开始逐步涉及外贸、军事、科技、金融、媒介等领域的实用性翻译实例。

可见,多维信息输入翻译教学模式中的翻译教学材料呈现多维化的特点。

(2)教师能力多维化。多维信息输入翻译教学模式对教师的素质提出了更高的要求,在翻译教学中要求教师建立多维的"资源库",也就是要求教师能力的多维化。教师能力的多维化主要包括以下几个方面的内容。

要求教师熟知翻译教材的内容以及与之相应的有效的教学方法。

要求教师善于使用网络与多媒体进行教学,通过图片、音频、视频相结合的统一方式进行形象的翻译教学。

教师在给学生提供多维信息输入的过程中要及时地点评并检查学生的译文,并给出相关的建议。

(3)评价系统多维化。多维信息的评价系统具有多维化的特点,除了包含一般性的评价:形成性评价和终结性评价之外,还包括教师与学生之间的师生评价和学生之间的生生互动式评价等。

(二)多维信息输入翻译教学模式的应用

具体来说,多维信息输入翻译教学模式的教学活动涉及以下几个方面。

(1)从以教师为中心转向以学生为中心。英语翻译教学的一个重要原则就是以学生为中心展开教学。在多维信息输入翻译教学模式下,教师可以充分利用现代化的信息技术对自主学习的支持、引导作用,进行精心的信息化教学设计,这些教学设计是确保学生能有效利用这些便利条件进行自主学习的关键。

此外,教师还要充分发挥其指导作用,让学生在教师的指导和建议下自主地选择学习内容,从而使学习内容的选择服务于学习目标的实现。

（2）实现多维互动。互动不仅包括教师与学生之间的互动、学生与学生之间的互动，还包括人机之间的互动。

在传统的翻译课堂上，师生之间、学生之间的互动几率很少，互动通常是在课堂练习完成之后进行的。学生完成课堂练习之后，教师对其进行讲评，在这一讲评过程中，学生之间很难进行一定的互动交流，因此教师也无法了解学生在表达翻译过程中所遇到的困难。

然而，以网络为基础的翻译教学使多维间的互动成为可能。教师可以利用多媒体对学生的整个翻译过程及翻译情况进行监控，随时发现学生在翻译的过程中所遇到的各个困难，教师可以及时地给予适当的指导和帮助，最为重要的一点是教师可以随时进入交流平台，对学生的交流活动有针对、有目的地进行引导。

（3）创设情景教学。语境对于语言的理解和表达具有显著的影响和制约作用。因此，在翻译教学的过程中，能否准确地把握原文语句所存在的语境则是确保成功翻译的关键。

同样，多维信息输入教学模式也十分重视情景教学。在翻译教学过程中，教师可以利用现代技术对翻译教学中的具体情景或场景进行再现或创设，这种具体、直观、形象的情景演绎有助于学生进行对比、思索，克服了死板的传统教学方式的缺陷，逐步强化了学生的感性认识，从而有效地调动学生的自主性以及积极性，并有效地激发了学生的学习兴趣，最终实现良好的翻译教学效果。

另外，对于一些情景幽默之类的对话，如果将这则幽默对话以情景片段的方式呈现在学生面前，让学生切身地从人物的声调、表情、动作等方面体会其中的幽默，这样翻译出的译文则会将原文的幽默充分地翻译并表达出来。但是，如果脱离了一定的语境，则会给译者和目的语读者的理解带来一定的障碍，也无法体会出其中的幽默（陈洁，2005）。

二、人本主义翻译教学模式

人本主义翻译教学模式是以人本主义学习理论为基础的。

美国著名的心理学家罗杰斯(C R. Rogers,1982)认为学习者是学习的主体,学习是个人的自我实现。在人的整个心理发展过程中,人本主义将人的情感、思想置于前沿地位,突出强调人的内心世界的重要性。❶

人本主义翻译教学模式下的学生扮演着"参与者"的角色,不再只是"被动接受者",而教师则扮演着"引导者"的角色,不再只是翻译知识的传播者。翻译课程是根据学生的兴趣与能力为其量身定做的充满乐趣的学科,不再只是令学生头疼的一门学科。具体来说,人本主义翻译教学模式包括以下几个方面的内容。

(一)教师的辅助作用

在翻译教学过程中,教师具有一定的辅助作用,应起到教学"支架"的作用。具体而言,在翻译教学过程中,教师通过精心地设计适合学生的学习程度并符合其学习兴趣的翻译内容,并且在教师的指导下,学生能够自主地选择学习内容和学习进度以及相应的学习策略,这一模式中的学习内容具有一定的针对性,有利于学生自由、主动地发挥其认知能力。可见,在这一教学过程中,教师起到了一定的辅助作用,即充分地组织并指导学生的自主学习。

(二)肯定的教学评价

人本主义教学模式倡导肯定性的教学评价,认为教学评价应一改传统的"分数第一"的评价观念。在课堂上,教师应尽力地给予学生肯定性的评价语,肯定性评价语起着导向、促进、激励的作用,这不仅是激发学生情感的最好方法,还有利于提高学生学习的自主性和积极性。

尤其是当出现多个翻译答案、教师也不再是翻译的唯一标准时,评价的出发点则是对学生的关注,包括对学生的学习方法和

---

❶ 严明.大学英语翻译教学理论与实践[M].长春:吉林出版集团有限责任公司,2009:264.

学习过程以及在学习过程中所形成的情感进行关注。在教学评价中,应该将学生作为评价的主体,除了对所学知识进行评价之外,还需要对学生自身所处的情感状态进行主观的描述,并对其做出适当地解释和说明。

(三)和谐的教学环境

在翻译教学活动中,教师与学生之间是一个合作与交流的互动过程,在很多方面存在着情感交流。

传统的翻译教学模式下的翻译教学是一种"灌输式"教学,具有速度快、权威性强、反馈信息少的特点。传统的翻译教学过程是教师将知识单方面地传授给学生的过程,这样的翻译教学不利于师生间的交流与沟通,容易导致师生间的关系变得越来越冷淡和疏远。传统的翻译教学模式下的师生关系是不平等的,也忽视了建立和谐的师生关系。

而人本主义的翻译教学模式要求师生在教学过程中保持地位平等,逐步地建立一种平等、和谐的关系,同时在这一教学模式下不断地凸显并张扬学生的个性,进而不断地增强学生的创造力。

三、过程式翻译教学模式

不管教师采取什么样的教学步骤,翻译活动这一本身都是一个能动的过程。例如,贝尔(Bell,1991)认为,翻译过程可分为两个阶段:分析和合成,在每个阶段中都存在句法、语义和语用三个不同的领域。在这三个领域中译者对原文的分析与对译文的合成过程实际上就是进行传译语际信息的过程。

以翻译过程为导向的过程式翻译教学模式的出发点是对翻译能力的分析以及翻译能力在翻译过程中的作用,进而不断地认识和理解在翻译过程中译者的行为表现、思维活动、创造力以及在翻译中所遇到的问题及其解决策略等。❶可见,这一模式有利于培养学生的翻译能力,同样在翻译教学中起着非常重要的作用。

(一)过程式翻译教学模式的特点

过程式翻译教学的特点是侧重描写与解释翻译过程,对翻译结果没有过多地进行强调。具体来说,主要体现在以下几个方面(Gile,1995)。

(1)侧重探讨在翻译过程中重复出现频率较高的相关问题。

(2)对错误出现的原因进行探究。

(3)在给学生布置翻译练习任务之前,对学生的翻译技巧与原则等进行相关的指导。

(4)在翻译的过程中不仅对译文的词句意义的理解进行关注,还要逐步地了解并认识翻译过程。

(5)通过对译文产生的过程做出一定的解释,便于译文读者信服与接受译文。

(6)形象生动地对翻译策略进行相关的描述,让学生在翻译过程中能够恰当、合适地使用翻译策略。

(7)避免将固定的翻译标准强加给学生。

(8)在译文中灵活地采用多种表达方式对译文的语言形式与意义进行分析与理解,鼓励学生充分地发挥其积极性和创造性。

(二)过程式翻译教学模式的流程

过程式翻译教学模式主要涉及以下具体的教学活动(连淑能,2007)。

(1)给学生布置翻译练习任务时,需要学生在教师的指导下充分地做好翻译前的准备工作。教师要对翻译情景(translation situation)进行预设,翻译情景所包含的主要因素包括作者的意

---

❶　严明.大学英语翻译教学理论与实践[M].长春:吉林出版集团有限责任公司,2009:268.

图、翻译的目的、该篇章的写作背景、交稿时间及对该篇章翻译的具体要求。此外,教师还需要拓宽学生的学习渠道,如借助词典、互联网、百科全书等渠道多方面地对题材以及术语等内容进行分析。

(2)在对学生安排翻译练习任务时,还需要教师对学生进行相应的引导和启迪,主要是通过对学生进行适时的引导,让学生对翻译中即将遇到的问题(如翻译策略、原则、过程等)做好心理准备。

(3)在翻译练习的过程中,教师可以鼓励学生以"翻译作坊"(translation workshop)的形式对翻译练习进行共同的讨论,协作地完成翻译任务。在递交译文时,学生要标明在翻译过程中所遇到的疑问或难题。

(4)灵活讲评学生的翻译作业。讲评既可以由教师讲评,也可以让学生之间互相评议。

教师讲评时应当在翻译过程中注重指导、分析、启发。可以以互动式的形式进行讲评与讨论,最大限度地调动学生参与讨论与讲评的积极性。需要注意的是,讲评时不仅要明确地指出译文中出现的错误和解决学生的相关疑问,也要及时地对学生进行鼓励,肯定其中翻译质量较高的作品,从而更好地培养学生独立思考与创新的能力。

四、实用性翻译教学模式

实用性翻译教学模式是一种新型的翻译教学模式,由案例型教学法指导。案例型教学法是一种以案例作为媒介达到学习知识的目的的方法,具体地说,是指在课堂教学过程中,让学生在教师的指导下根据实际的案例对其进行分析、讨论并做出相关的评价,最终找出相应的解决策略的一种教学方法。❶ 由于新时期的翻译课程主要特点是外贸、商务等专业知识与英汉语言技能的紧

---

❶ 严明.大学英语翻译教学理论与实践[M].长春:吉林出版集团有限责任公司,2009:266.

密结合,从各专业技能的培养目标与翻译教学内容的应用性来看,在翻译教学中,通过对案例教学法进行创新性地运用和实践,从而形成实用性翻译教学模式。

张小波(2006)认为,实用性翻译教学模式包括以下四个主要环节。

(一)文本准备

文本准备也就是案例准备,是由教师经过一系列的活动(如搜集、编写、设计)来准备的与教学内容相适应的翻译文本材料。由于文本准备是教师的一项主观活动,因此不可避免地会带有一定的主观性。在进行案例编写时,需要教师根据翻译教学内容以及进度,采纳一定的翻译实践经验进行汇编。在设置译例时,主要围绕国际商务、国内外经济贸易、科技文献等文字材料按照先易后难、由浅入深的逻辑顺序进行选编并汇编。

(二)分析讨论

在分析与讨论之前,教师首先应将案例逐一地分发给学生,要求学生在阅读案例的过程中尤其注意在遣词造句和谋篇布局方面中英文语言的不同,便于找到相关的理论依据,从而更好地来分析此案例。

在学生分析与讨论的过程中,教师应引导并组织学生进行分组讨论,营造一种充满自由与融洽的学习氛围,在这一过程中让教师起到引导者的作用,让学生成为讨论的主角。

在分析与讨论之后,每一组学生形成了初步的统一认识和观点,学生能够独立自主地分析、讨论译例涉及的与之对应的翻译问题,并能对此做出一定的解释。在这一环节,教师让每个小组选出一名代表对该组的翻译译例进行分析并进行陈述。如果有的小组对翻译案例的分析与其他学生的理解有明显偏差或者分析判断有一定错误时,需要教师进行及时地引导并给予相关的指导,让学生自觉地意识到问题的所在,从而能够让学生积极、主动地进行修改,避免出现类似的错误。

综上所述,这一环节以分组讨论的形式展开,并逐步地融入翻译教学中。这一教学模式不仅有利于提高学生的语言运用能力,还有利于提高学生独立自主地进行分析、表达和解决问题的能力。

(三)译例总结

译例总结是由教师来完成的,对译例的讨论结果进行总结。译例总结一般包括以下几个方面的内容。

(1)对本次案例的讨论过程中的重点、难点以及翻译理论知识的运用进行总结。

(2)对学生在讨论的过程中出现的一些原则性错误进行纠正并给予相关的指导。

(3)对学生在小组讨论中的表现进行评价,另外还可将学生在讨论中的表现作为平时成绩,从而更好地激励学生在今后的讨论中表现得更为优异。

(四)确定译文

确定译文是实用性翻译教学模式的最后一个环节。经过小组的分析与讨论以及教师的译例总结之后,教师要求学生在课后完成最终的译文,在完成的过程中需要充分地考虑并结合翻译技巧以及翻译原则。

通过上述分析可知,实用性翻译教学模式在案例教学法的指导下有选择、有针对性地选择教学材料,充分地体现了理论与实践的结合,有助于提高学生的分析、判断、解决问题的能力,最终有助于提高学生的综合能力。

五、流程图式翻译教学模式

通过借鉴功能翻译理论派的相关翻译理论,即研究翻译需要采用从整体到局部的宏观分析方法,在翻译实践中,需要将宏观层面(翻译目的、功能)与微观层面(词、句、语篇)的研究相结合。这样的翻译教学模式恰似一个工业生产流程图式,因此将其命名为流程图式的翻译教学模式。这一新颖的翻译教学模式有利于激发学生的学习翻译的兴趣,增强教学内容的趣味性,从而促进翻译教学目标的实现。

流程图式翻译教学模式(图 8-1)包括目的分析、功能分析、语域分析、文化分析、策略分析、语言分析以及初译—校对—润色—提交终稿七个环节,下面对其进行具体的分析。

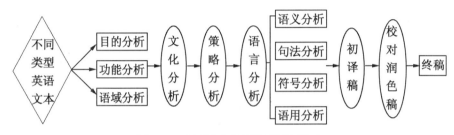

图 8-1 流程图式翻译教学模式

(1)目的分析。学生拿到分配的源语文本资料时,在其阅读过程中,首先需要对源语文本的目的进行适当的分析。

具体而言,译文需要对源语环境中的交际目的进行分析,尽可能地令译文能够将源语文本的真实目的准确地传达出来,不仅使译文与源语文本在篇内保持一致,还要在篇际中保持一致。

(2)功能分析。英国著名的语言家、翻译家纽马克(Newmark)将语言的功能分为:信息功能、寒暄功能、表情功能、感染功能、美学功能和元语言功能六大功能。❶ 纽马克曾指出,属于同一类型的文本,其中会具有多种语言功能。总有一种语言功能在其中起着主导作用。

这一语言功能研究同样适用于翻译教学。在翻译教学的过程中,教师需要训练学生对文本的功能分析进行适当地训练,让

---

❶ 严明.大学英语翻译教学理论与实践[M].长春:吉林出版集团有限责任公司,2009:70.

学生在训练的过程中逐步地能够对文本的多重功能进行分析,并能从中分析出其主导功能。这样的翻译教学有利于让学生在翻译过程中,确保译文与原文具有同等的交际功能,即译文与原文在功能方面保持一致。

(3)语域分析。翻译本身就是一项跨文化交际活动,当然离不开源语与目标语语境的研究,而语域的研究与语境的研究还有着密切的关系。语域理论是语境理论中最具效力的理论框架。语域是指根据语言特定的语境或交际场合,为达到特定的交际目的而产生的一种功能变体,语域是话语意旨、话语范围、话语模式等多种参数的综合体现。❶

语域会随语境的不同而产生不同的语言变体。因此,在翻译教学中教师需要注重语域分析。确保译文针对原文的不同语境采用不同的语言变体,在语域方面保持一致。

(4)文化分析。巴斯奈特(Bassnett)认为,"翻译不是一种单纯的语言行为,翻译离不开文化的滋养,其深深地植根于文化之中"。因此,翻译是语言与其所处的文化间的交流。尤其是随着跨文化交流的日益增多,为了进行有效的跨文化沟通,人们越来越关注不同国家、民族之间的文化差异,争取能够通过有效的翻译推动跨文化交际的进行。

这一理论同样适用于翻译教学。翻译教学中,教师应注重培养学生的跨文化交际意识,从而让学生能够准确地进行文化分析。文化分析包括语言文化信息和非语言文化信息。在对这两种类型的文化信息进行分析时需要对其源语文化含义和目标语的文化含义进行分析,只有这样,才能让学生在分析文本时,能够结合与之相关的文化背景成功地转换并传递源语的文化信息。也只有通过全面的文化分析,才能进行正确的策略分析。

(5)策略分析。翻译教学中,策略分析则意味着翻译工作的实际展开。文本目的、功能的不同都会使用不同的翻译策略。因

---

❶ 严明.大学英语翻译教学理论与实践[M].长春:吉林出版集团有限责任公司,2009:270.

此,在翻译的过程中,根据不同的文本目的、文本功能,教师需要指导学生选择不同的翻译策略,如直译、意译、增译、删译、改译等。

(6)语言分析。策略分析之后,进入语言分析阶段。在这一阶段中,教师需要指导学生从语义分析、句法分析、符号分析和语用分析四个方面对源语文本的语言进行分析,力求从多个层面深入地了解源语的语言,最大程度地、完整地传递源语文本中的信息。

(7)初译—校对—润色—提交终稿。上述环节完成之后,在实际的翻译过程中,教师需要指导学生团队合作地完成译文,这主要包括以下几个环节。

首先进行首次翻译也就是初译,要求初译稿能够基本准确地传递原文的信息,保持行文的流畅。

初译之后,各个团队需要从语言的各个层面(目的、功能、语域、文化、策略)等方面对初译稿进行校对。从整体上检查译文是否准确地再现了原文的文化以及是否与原文实现了功能上的对等。

校对之后,在确保语言表达通畅的前提下,适当地提升以下语言的表现力,进行合理的润色,将译文的表达提升到一个新的高度。

润色之后,经教师的相关指导,可以提交终稿。

对于流程图式的翻译教学模式的应用,在翻译教学的初级阶段,教师需要学生严格地勾画翻译的流程图,并按照流程图按时完成并提交译文的终稿,经过这样的训练,不断地培养和提高学生的实际操作能力。当学生熟知这一翻译流程并且其翻译水平也达到一定的高度时,勾画流程图的这一书面过程可以省略。可见,流程图式的翻译教学模式在教学中的应用并不是一蹴而就的,需要在实际的翻译教学实践中逐步地开展并最终促进翻译教学目标的实现。

随着跨文化交际和全球一体化的推进,翻译的桥梁作用越来越得到凸显。但是需要注意的是,在进行翻译教学实践中,教师在了解不同的翻译理论的基础上,应该根据本地的教学实践进行针对性教学,从而从实际出发提高翻译教学效果,促进人才能力的提高。

第三节 翻译测试探究

翻译测试是英语测试的重要组成部分,能在一定程度上反映出英语学习者的翻译能力,同时对于英汉翻译教学也有着积极的反拨作用。下面主要对翻译测试的定义、内容、分类、原则进行分析。

一、翻译测试的定义

不同的学者对翻译测试的定义表述不同,下面列举一些接受度较高的定义方式。

王全瑞(2006)认为:翻译测试,按我们通常的理解就是对翻译知识、理论和技能进行的测试。[1]

穆雷(2007)认为:翻译测试是用来检验被测对象对翻译实践能力掌握情况的一种手段,涉及到对答题内容的评判,因此跟翻译批评、翻译评估或评价和语言测试等都有关联。[2]

罗选民(2008)也指出,翻译测试是翻译教学中的一个重要环节,它可以帮助我们评价翻译教学的质量,判断学生是否学到了应掌握的翻译教学内容,是否具有了翻译能力。[3]

通过对上述定义进行总结,可以看出,翻译测试的关键是对测试对象翻译能力(Translation Competence)的把握和分解。 翻

---

[1] 王全瑞.翻译测试中的语言技能因素[J].大学英语,2006,(2):348.

[2] 穆雷.翻译测试的定义与定位——英汉 & 汉英翻译测试研究系列(一)[J].外语教学,2007,(1):82.

[3] 罗选民.大学翻译教学测试改革与翻译能力的培养[J].外语教学,2008,(1):77.

译能力是"能胜任翻译任务的主观条件"(罗选民,2008)。因此,翻译测试的过程就是对能够体现学习者翻译能力的不同部分进行评估的过程。

翻译测试是语言测试的一种,是指通过对学习者的能力表征行为的测试,推断其翻译能力的形式。在具体的翻译测试过程中,试题设计者需要将翻译能力分解为一些可以表征的行为进行测量,并依此推论被测人的翻译能力。

二、翻译测试的内容

根据穆雷(2006)在其《翻译测试极其评分问题》一文中的阐述,科学的翻译测试应包括如下几个方面的内容。❶

(1)明确测试的指导思想、理论基础、主要方法、测试内容和评分标准等。

(2)根据教学大纲、考试目的和上述原则制定考试大纲。

(3)精心命题,合理分配各类试题的比例。

(4)合理评分,尽可能使用计算机辅助评分。

(5)分析数据,对测试结果做评估,同时修改或调整试题。

三、翻译测试的分类

根据测试目的,现行的英语翻译测试大致分为四类:外语专业及翻译专业本科高年级翻译课程考试、硕士生入学考试、翻译专业水平考试(如翻译资格考试、专业评核考试或招募甄选考试)、各类翻译竞赛以及各类职业翻译培训课程考试。

邹申(2005)在其《语言测试》一书中则借鉴语言测试的分类方法对翻译测试进行了分类,大致可分为客观性测试和主观性测试两类。下面以表格的形式来做一对比,如表8-1所示。

---

❶ 穆雷.翻译测试及评分标准[J].外语教学与研究,2006,(6):467.

表 8-1　翻译测试的分类

	题型	特点
主观性测试	段落翻译 语篇翻译 解释 问答 简述等	正确答案可以有多个 评分标准往往因人而异 得分取决于评分者的主观判
客观性测试	正误判断 填空 多项选择等	答案单一 评分标准固定 评分结果不受评分者主观因素的影响

就目前的翻译测试情况来看,主观性试题是翻译测试的主要题型,运用比较广泛。而客观性试题只占全部测试的一小部分,目前还处于逐步摸索阶段。

四、翻译测试的原则

在英语教学过程中,翻译测试的主要目的是通过此种形式对学习者的翻译能力进行掌握,并及时对其进行掌握与分析,从而最终促进教学的顺利进行。同时翻译测试对学生也有一定的影响作用,测试结果能够使学生了解自己的翻译真实水平,从而不断调整学习状态,明确今后翻译中的努力方向。在进行翻译测试的过程中,主要需要遵循以下两个原则。

(1)效度原则。评判一份语言测试的优劣,首先要看效度。所谓效度,就是指是否站得住脚,是否能成立。在语言测试中,效度又称"有效性"。换句话说,语言测试的有效性主要指测试是否以有效的语言观为依据,即是否测试设计者想要考的内容,或者说在多大程度上考了想要考的内容。❶

不同的语言测试学家对效度的分类也是不同的。将不同的

---

❶　严明.大学英语翻译教学理论与实践[M].长春:吉林出版集团有限责任公司,2009:275.

分类方式综合起来考虑,效度可以分为以下五类。❶

表面效度(face validity),即试卷看上去是否考了要考的内容。

结构效度(construct validity),指测试是否以有效的语言观为依据。结构效度的高低是指考试的结果在多大的程度上解释人的语言能力及与语言能力有关的心理特征。

内容效度(content validity),指测试是否考了考试大纲规定要考的,或者说考试的题目在多大的程度上能代表所要测量的目标。

共时效度(concurrent validity),指将一次测试的结果同另一次同时或相近的测试的结果相比较或同教师对学生的评估相比较而得出的系数。

预测效度(predictive validity),指测试的预测能力,即测试结果到底在多大的程度上能够预测出某些将来会发生的可能性,或者说对学生未来的行为做出的预测性的程度有多高。

(2)信度原则。语言测试的信度是语言测试中的第二个重要原则。所谓信度,是指考试结果的可靠性和稳定性。例如,用同一份试卷对同一组学生实施两次或多次测试,如果结果很一致,说明该测试的信度较高;反之就是信度较低。一般来说,检验测试信度的方法有三种。

平行试题法(parallel forms method)。平行试题法指的是在测试之后设计一套和原测试难度相当的试题,让学生再一次参加考试。需要注意的是,平行试题应该在学生参加完原测试之后马上或很短的时间内进行,不能间隔时间太长。根据平行试题的结果,教学工作者可以对学生的真实情况有一个大致的把握。

考试后复考法(test/retest method)。考试后复考法即用同一套试题,在考试后较短时间内对同一组学生再进行一次考试,然后将两次测试考生的分数排序,计算其中的相关性。

---

❶　严明.大学英语翻译教学理论与实践[M].长春:吉林出版集团有限责任公司,2009:275.

　　试题分半法(split-half method)。试题分半法指的是将试题的题号按照奇偶数分为两个部分,然后教师计算两半所得分数的高低排列的相关性。试题分半法只进行一次测试,因此其便捷度较高。

　　对于翻译测试质量的衡量,信度和效度原则是重要的标准。二者存在依存与排除的关系。在进行翻译测试的过程中,保证其信度与效度的高标准是测试者要追求的目标。但是需要注意的是,实际的翻译测试过程较为复杂,测试者很难同时保证效度和信度。因此测试的设计者需要最大程度地将二者结合起来,不可忽略某一方面,最终提高测试结果的有效性。

参考文献

［1］白靖宇.文化与翻译(修订版)［M］.北京:中国社会科学出版社,2010.

［2］陈福康.中国译学理论史稿［M］.上海:上海外语教育出版社,2000.

［3］成昭伟,周丽红.英汉语言文化导论［M］.北京:国防工业出版社,2011.

［4］傅敬民.实用商务英语翻译教程［M］.上海:华东理工大学出版社,2011.

［5］高华丽.翻译教学研究:理论与实践［M］.杭州:浙江大学出版社,2008.

［6］高华丽.中外翻译简史［M］.杭州:浙江大学出版社,2009.

［7］高惠群,乌传.翻译家严复传论［M］.上海:上海外语教育出版社,1992.

［8］何江波.英汉翻译理论与实践教程［M］.长沙:湖南大学出版社,2010.

［9］何少庆.英语教学策略理论与实践运用［M］.杭州:浙江大学出版社,2010.

［10］贺学耘.翻译理论综合案例教学:中西方译学理论选介［M］.北京:中国人民大学出版社,2010.

［11］黄成洲,刘丽芸.英汉翻译技巧［M］.西安:西北工业大学出版社,2008.

［12］黄勇.英汉语言文化比较［M］.西安:西北工业大学出版社,2007.

［13］黄龙.翻译学［M］.南京：江苏教育出版社，1987.

［14］姜增红.新编商务英汉翻译实务［M］.苏州：苏州大学出版社，2010.

［15］康志峰.英语口译理论与实践技艺［M］.上海：华东理工大学出版社，2007.

［16］李建军.文化翻译论［M］.上海：复旦大学出版社，2010.

［17］李建军.新编英汉翻译［M］.上海：东华大学出版社，2004.

［18］李运兴.汉英翻译教程［M］.北京：新华出版社，2006.

［19］连淑能.英汉对比研究［M］.北京：高等教育出版社，2010.

［20］卢红梅.华夏文化与汉英翻译（第二部）［M］.武汉：武汉大学出版社，2008.

［21］卢思源.新编实用翻译教程英汉互译［M］.南京：东南大学出版社，2008.

［22］冒国安.实用英汉对比教程［M］.重庆：重庆大学出版社，2004.

［23］孙致礼.新编英汉翻译教程［M］.上海：上海外语教育出版社，2003.

［24］谭载喜.西方翻译简史（增订本）［M］.北京：商务印书馆，2004.

［25］陶友兰，鲍小英.高级英语口译：理论、技巧与实践［M］.上海：上海译文出版社，2008.

［26］汪德华.中国与英美国家习俗文化比较［M］.杭州：浙江大学出版社，2011.

［27］王斌华.口译：理论·技巧·实践［M］.武汉：武汉大学出版社，2008.

［28］王关富，蒋显璟.实用商务英语写作［M］.北京：对外经济贸易大学出版社，2008.

［29］武锐.翻译理论探索［M］.南京：东南大学出版社，2010.

[30]谢天振.中西翻译简史[M].北京:外语教学与研究出版社,2009.

[31]闫文培.全球化语境下的中西文化及语言对比[M].北京:科学出版社,2007.

[32]严明.大学英语翻译教学理论与实践[M].长春:吉林出版集团有限责任公司,2009.

[33]杨丰宁.英汉语言比较与翻译[M].天津:天津大学出版社,2006.

[34]杨贤玉.英汉翻译概论[M].武汉:中国地质大学出版社,2010.

[35]余世谦.茶、酒、烟[M].上海:上海科技教育出版社,1991.

[36]曾文华,付红桥.商务英语翻译[M].武汉:武汉理工大学出版社,2009.

[37]张培基.英汉翻译教程(修订版)[M].上海:上海外语教育出版社,2009.

[38]张维为.英汉同声传译[M].北京:中国对外翻译出版公司,2006.

[39]钟书能.英汉翻译技巧[M].北京:对外经济贸易大学出版社,2010.

[40]仲伟合.英语口译教程[M].北京:高等教育出版社,2011.

[41]朱梅萍.商务英语口译[M].北京:外语教学与研究出版社,2009.

[42]陈剑晖.文体的内涵、层次与现代转型[J].福建论坛,2010,(10).

[43]刘玲.中西文化差异对翻译的影响[J].福建政法管理干部学院学报,2007,(2).

[44]罗选民.大学翻译教学测试改革与翻译能力的培养[J].外语教学,2008,(1).

［45］穆雷. 翻译测试的定义与定位——英汉 & 汉英翻译测试研究系列（一）［J］. 外语教学,2007,(1).

［46］王全瑞. 翻译测试中的语言技能因素［J］. 大学英语,2006,(2).

［47］王小红. 英语习语的文化认知机制解读［J］. 黑龙江生态工程职业学院学报,2016,(1).

［48］袁颖. 英汉语音对比浅析［J］. 赤峰学院学报,2009,(6).

［49］张宏献. 英汉语言与文化差异［J］. 时代文学,2012,(5).

［50］Eugene A. Nida. *Toward a Science of Translating*［M］. Shanghai:Shanghai Foreign Language Education Press,2004.

［51］Newmark,P. *Approaches to Translation*［M］. Shanghai:Shanghai Foreign Language Education Press,2001.

［52］Venuti,Lawrence(ed.). *The Translation Studies Reader*［M］. London & New York:Routledge,2000.

［53］Wilss,W. *The Science of Translation:Problems and Methods*［M］. North Haven:Catbird Press,1998.